Matías Alejandro Jiménez Porchini

Las Señales de Cristo

Matías Alejandro Jiménez Porchini

Las Señales de Cristo

Un mapa para el creyente

CREDO EDICIONES

Cover image: www.ingimage.com

Publisher:
CREDO EDICIONES
is a trademark of
Dodo Books Indian Ocean Ltd. and OmniScriptum S.R.L publishing group

120 High Road, East Finchley, London, N2 9ED, United Kingdom
Str. Armeneasca 28/1, office 1, Chisinau MD-2012, Republic of Moldova, Europe
Printed at: see last page
ISBN: 978-613-5-61147-2

LAS SEÑALES

Prefacio

Las Sagradas Escrituras, las santas Palabras de Dios registradas en la Biblia, contienen una serie de elementos proféticos que alumbran nuestras pisadas y alumbran nuestro camino hacia la Vida. A modo de importantes señales, nos marcan con claridad el rumbo de las "Sendas Antiguas". Ese camino angosto que nos ayuda a sortear el extravío que vive la humanidad moderna. Este civilizado modo de vivir que, a partir del humanismo renacentista ha eliminado las banderas de señalización para un andar seguro, entregando en su lugar a las culturas modernas y postmodernas, un "mapa en blanco", donde cada uno puede poner o quitar señales que, según su caprichosa conveniencia le plazca, sin entender adónde le conducirá en realidad tan iluso derrotero.

Atender pues las señales, es un imperativo de Dios; ignorarlas o desobedecerlas puede significar una grave catástrofe, incluso la muerte. Nuestro Señor Dios en Su amor y compasión por nuestra naturaleza proclive al extravío quiso dejarnos en Su Palabra -La Biblia-, un mapa espiritual cuidadosamente señalizado, a fin de evitarnos andar errantes y perdidos en el desierto que es vivir alejados de Él, siendo presa fácil de la incertidumbre, la desesperación y el engaño.

La lectura de estas páginas encauza por la vía del reconocimiento de vitales señales a través de la Biblia, que, si bien fueron un misterio por siglos, ahora han sido reveladas para descubrir el milagro que el Dios viviente se propuso llevar a cabo para atraer y perfeccionar para Sí mismo, a una humanidad creada para vivir y gozar de toda la plenitud de Su Dios, en calidad de hijos amados.

Prólogo

Señal es un término que proviene del latín *signalis*. Se trata de un signo, seña, marca o medio que informa, avisa o advierte de algo. Este aviso permite conocer una información, realizar una advertencia o constituirse como un recordatorio. Sin embargo, las señales son **convencionales**; es decir, requieren de ciertas pautas, para que puedan ser reconocidas por la mayor cantidad de gente posible. Cuando las personas no están familiarizadas con tales pautas, no las pueden entender. Por ejemplo, el común de la gente conoce y entiende las señales del tránsito y vialidad. Pero solo un pequeño segmento conoce y entiende los códigos o señales marítimas y por lo tanto o las ignora o no las percibe.

La Palabra Inspirada por Dios escrita por sus siervos, nos permite conocerle y seguirle sólo cuando hay luz del Espíritu Santo en el corazón. A través de multitud de profecías, expresadas a modo de señalizaciones divinas, la Biblia nos encamina a lo largo de una "senda segura", que conduce al destino preparado para aquellos que aman a Dios y comprenden sus señales.

La Escritura dice que: *hay diversidad de dones... Y diversidad de ministerios... Pero a cada uno le es dada la manifestación del Espíritu para provecho. Porque a este es dada por el Espíritu palabra de sabiduría; a otro, palabra de ciencia según el mismo Espíritu; ...todas estas cosas las hace uno y el mismo Espíritu, repartiendo a cada uno en particular como él quiere.* Conforme a esta revelación, encuentro en Alejandro Jiménez Porchini, autor de la presente obra, un don del Espíritu de Dios tanto para la iglesia local, como para la Iglesia en general.

Con la gracia y amor de Dios, haciendo uso de un lenguaje claro, fuerte y con múltiples tonos poéticos, Alejandro nos encauza dentro del torrente profético de las Escrituras; y en unas cuantas páginas, nos muestra cómo reconocer las importantes SEÑALES que apuntan al propósito de Dios para el ser humano.

La narrativa comienza con el entrometimiento de "Najash", la serpiente antigua, -Satanás- en el huerto de Edén con la intención de malograr la obra de Dios.

Trágicamente, nuestros primeros padres caen en el engaño y tentación propuesta por este "ser resplandeciente" camuflado dentro de un simple animal, y deciden desatender el Consejo de Dios y desobedecer. Nos dice el autor: "Aunque Jehová Dios los castiga severamente, dándoles la justa retribución de su culpa (la muerte), NUNCA los maldijo. No, Dios no maldice la obra de sus manos". Al contrario, les entrega **la primera señal** de salvación: "*pondré enemistad entre ti y la mujer, y entre tu simiente y la simiente suya; esta te herirá en la cabeza, y tú le herirás en el calcañar*", anunciando proféticamente la aparición del gran "Goel", el primogénito, el Pariente Redentor, el Vengador de la sangre, cuya misión sería: aplastar la cabeza de la serpiente.

El recorrido histórico avanza, destacando las marcas o señales que debiéramos conocer para entender y gozar de las grandes y poderosas obras del Dios Altísimo. Se destaca **la señal de Abraham**: *Ciertamente Sara tu mujer te dará a luz un hijo, y llamarás su nombre Isaac; y confirmaré mi pacto con él como pacto perpetuo para sus descendientes después de él.* El autor nos invita a reflexionar cómo el Dios Todopoderoso, decide llamar a un hombre pagano con dudoso conocimiento del Dios verdadero, sumergido dentro de un ambiente idólatra, para transformarlo en un hombre nuevo, uno que simboliza la fe. Aclara el autor: "el otrora nómada pagano, tibio y vacilante en su fe HA CAMBIADO. A través de casi medio siglo de caminar con Dios, de conocerlo, de ver Sus obras, Su fidelidad y protección en tiempos difíciles, Su mano Poderosa ayudándolo en sus momentos de crisis, de guardarlo de cometer errores irreparables, Abraham deja de lado cualquier vestigio de racionalismo, contemporización y/o pretextos, y se abandona en fe a la Contradictoria Sabiduría del Todopoderoso cuando le pide que sacrifique a Isaac, su hijo amado".

Sigue **la Señal de los patriarcas**, que destaca la obra soberana de Dios, quien elige a Jacob, para transformarlo de un oportunista embaucador, a un siervo diligente y entregado; Jacob sería llamado Israel por haber luchado con Dios. El relato continúa comentando la vida de los patriarcas hasta ubicarse en Judá, cuya "descendencia" recibiría el reino eterno conforme a **la señal** profética: *Judá, te alabarán tus hermanos; Tu mano en la cerviz de tus enemigos; Los hijos de tu padre se inclinarán a ti. Cachorro de león, Judá; De la presa subiste, hijo mío. Se encorvó, se echó como león, Así como león viejo: ¿quién lo despertará? No* *será quitado el cetro de Judá, Ni el legislador de entre sus pies, Hasta que venga Siloh; Y a él se congregarán los pueblos.*

Luego cita **la señal de David**, el "dulce cantor y lámpara de Israel", quien representaría en sombras y figuras al gran "Ungido". La imagen de David queda inextricablemente unida a la figura e ideal mesiánico. Dejando constancia de su profunda intimidad con Dios, David declara al final de su vida: *El Espíritu de Jehová ha hablado por mí, Y su palabra ha estado en mi lengua. El Dios de Israel ha dicho, Me habló la Roca de Israel: Habrá un justo que gobierne entre los hombres, Que gobierne en el temor de Dios. Será como la luz de la mañana, Como el resplandor del sol en una mañana sin nubes, Como la lluvia que hace brotar la hierba de la tierra. No es así mi casa para con Dios; Sin embargo, él ha hecho conmigo pacto perpetuo, Ordenado en todas las cosas, y será guardado, Aunque todavía no haga él florecer Toda mi salvación y mi deseo.*

No podía faltar **la señal de Isaías**. Muchas señales hay en el libro de Isaías que apuntan al Mesías redentor y salvador de Israel y del mundo entero. Por ello es difícil resaltar una sola de ellas, con todo, la que nos liga al pasado remoto, a la primera gran señal, es sin duda esta: *el Señor mismo os dará señal: He aquí que la virgen concebirá, y dará a luz un hijo, y llamará su nombre Emanuel.* El Mesías no podía nacer producto de la semilla del hombre. Hubiera sido otro pecador más, sin ninguna potencialidad salvadora. No hubiera cumplido el Imposible Estándar Mesiánico. Dios lo anuncia con **una fuerte señal adicional**. *Saldrá una vara del tronco de Isaí, y un vástago retoñará de sus raíces. Y reposará sobre él el Espíritu de Jehová; espíritu de sabiduría y de inteligencia, espíritu de consejo y de poder, espíritu de conocimiento y de temor de Jehová. Y le hará entender diligente en el temor de Jehová. No juzgará según la vista de sus ojos, ni argüirá por lo que oigan sus oídos; sino que juzgará con justicia a los pobres, y argüirá con equidad por los mansos de la tierra; y herirá la tierra con la vara de su boca, y con el espíritu de sus labios matará al impío. Y será la justicia cinto de sus lomos, y la fidelidad ceñidor de su cintura.*

Para comprender el impacto espiritual de la plena redención y justificación ante Dios, es menester una visión celestial, esto es, una revelación de algo que, para nuestros ojos naturales sería imposible percibir. Zacarías es un profeta que recibe abundancia de visiones, señales todas sin duda, pero de entre ellas destaca ésta en particular: *Me mostró al sumo sacerdote Josué, el cual estaba delante del ángel de Jehová, y Satanás estaba a su mano derecha para acusarle. Y dijo Jehová a Satanás: Jehová te reprenda, oh, Satanás; Jehová que ha escogido a Jerusalén te reprenda. ¿No es este un tizón arrebatado del incendio? Y Josué estaba vestido de vestiduras viles, y estaba delante del ángel. Y habló el ángel, y mandó a los que estaban delante de él, diciendo: Quitadle esas vestiduras viles. Y a él le dijo: Mira que he quitado de ti tu pecado, y te he hecho vestir de ropas de gala. Después dijo: Pongan mitra limpia sobre su cabeza. Y pusieron una mitra limpia sobre su cabeza, y le vistieron las ropas.* ¡Qué hermosa declaración de perdón!

Zacarías profetizó en su libro vastamente sobre el Mesías. El carácter de su profecía es riquísimo en simbolismos de esperanza. El tono del libro es alegre, consolador, refrescante. De continuo declara que, ¡sí, había futuro para Judá y para la casa de David! …hasta el Capítulo 10. A partir del capítulo 11, el libro de Zacarías cambia abruptamente. Su tono se torna ominoso, sombrío y devastador. Para ejemplo solo estas frases bastan: *…no tendré ya más piedad de los moradores de la tierra, dice Jehová; porque he aquí, yo entregaré los hombres cada cual en mano de su compañero y en mano de su rey; y asolarán la tierra, y yo no los libraré de sus manos. …Y dije: No os apacentaré; la que muriere, que muera; y la que se perdiere, que se pierda; y las que quedaren, que cada una coma la carne de su compañera. …Tomé luego mi cayado Gracia, y lo quebré, para romper mi pacto que concerté con todos los pueblos. Y fue deshecho en ese día, y así conocieron los pobres del rebaño que miraban a mí, que era palabra de Jehová. Y les dije: Si os parece bien, dadme mi salario; y si no, dejadlo. Y pesaron por mi salario treinta piezas de plata.*

Todo apunta a mostrar el malestar de Dios ante la traición y rechazo del pueblo elegido a su Mesías y Salvador. Con todo, Zacarías no dejó su libro en una nota trágica nos dice Alejandro Jiménez. Si bien, termina sus tres últimos capítulos remarcando el juicio venidero, también describe la restauración final, de manera escatológica y lejana: *Y derramaré sobre la casa de David, y sobre los moradores de Jerusalén, espíritu de gracia y oración, Y MIRARAN A MI, A QUIEN TRASPASARON…*

El capítulo 7 del libro LAS SEÑALES, es un verdadero deleite, además de ofrecer un panorama histórico conciso, pero extraordinariamente bien relatado, que cultiva al lector con hechos y grupos sociales que quizá le eran poco conocidos, le permite ubicarse dentro del contexto cultural del momento en que ocurren los acontecimientos. El autor nos guía con buen caudal de conocimiento y poética capacidad narrativa a entender las razones que explican el rechazo de Israel hacia Jesús, a quien no reconocieron como LA SEÑAL profetizada tantas veces.

El epílogo cumple su cometido, como buen colofón retoma algunos puntos de los textos expuestos, trayendo una nueva apreciar la Obra de Dios a través de la historia humana. El engañoso y endurecido corazón humano jamás podría volverse a Dios por su cuenta. Ni David, un hombre con un corazón agradable a Dios, siendo el mejor rey del mundo en sus momentos más gloriosos, logró conquistar el corazón de su pueblo para Dios. Tal logro no era posible para ningún hombre. Había que esperar al Mesías, alguien más que humano.

Cuando Jesús entraba a Jerusalén montado sobre un burro, cumpliendo otra Señal dada a Zacarías: *Alégrate mucho, hija de Sion; da voces de júbilo, hija de Jerusalén; he aquí tu rey vendrá a ti, justo y salvador, humilde, y cabalgando sobre un asno, sobre un pollino hijo de asna.* Ocurrió tal como se había declarado, solo que el entusiasmo fue muy efímero, tanto, que terminó por arrancar lágrimas al Salvador: *Y cuando llegó cerca de la ciudad, al verla, lloró sobre ella, diciendo: ¡Oh, si también tú conocieses, a lo menos en este tu día, lo que es para tu paz! Mas ahora ESTÁ ENCUBIERTO DE TUS OJOS.*

Qué necesario era transformar primero el endurecido corazón de piedra, en corazones sensibles, tiernos y obedientes. Finalmente, el Mesías prometido, la gran SEÑAL, a través de su muerte, su sepultura, su gloriosa resurrección y su ascensión a los cielos completó la obra de Dios, creando en Sí mismo UN solo y NUEVO hombre, haciendo la paz, y mediante la Cruz, reconciliar con Dios a la humanidad.

Quedaría pendiente solamente reconocer si dentro de nuestro ser están presentes las SEÑALES de la nueva vida en Cristo. Para ello, Alejandro nos invita a reflexionar y hacer una sincera introspección de corazón, que responda agudas interrogantes. Solo para despertar tu interés, citaré unas cuantas:

- ¿Aborreces el pecado que antes amabas?
- ¿Amas la santidad que antes aborrecías?
- ¿Te reconoces incapaz de cambiar por cuenta propia?
- Si tuviste un pasado de pecado, ¿lo recuerdas con dolor, o lo entretienes en tu mente en sutil añoranza?
- ¿Amas tu nueva vida en Cristo como es, o te parece insípida, como si requiriera un poco de "sazón" mundano?
- ¿Te gusta orar? ¿Quieres comunicarte más frecuentemente con tu Señor, hacerlo tu mejor amigo y permitirle que te cambie?
- ¿Aprovechas más tu tiempo libre en meditar la Palabra, escuchar predicaciones que te ayuden a entenderla mejor?

Recomiendo ampliamente la lectura de este libro. Es revelador, es confrontador pero también deleitoso e informativo. Bien documentado y excelentemente narrado.

Considero sinceramente que leerlo, traerá edificación espiritual y bendición a las vidas de los creyentes.

José Luis Masud Yunes-Zárraga.
Pastor en la Iglesia Verbo Victoria.

Agradecimientos

- A mi esposa y mi hija por su amor y paciencia.
- A mi dulce hermosa mamá Beatriz, quien partió a la presencia de Padre Dios durante el desarrollo de esta obra. Gracias por tu ejemplo, mamita. Te extraño mucho. ¡Pronto nos veremos de nuevo!
- A mi hermano Luis, gracias por tu apoyo y oraciones.
- A mi pastor y mentor, doctor José Luis Yunes. Miles y montones más de gracias por su apoyo y ánimo en éstos últimos 3 años, y por ayudarme a descubrir y cultivar los dones que Dios ha puesto en mí. Siga siendo su vida en Cristo de bendición para nuestra congregación Verbo.
- A mis hermanos de iglesia Verbo David Paz y Lorenzo Orihuela. Gracias por su interés en mi y en mi familia, y su apoyo a mi crecimiento espiritual. ¡Bendiciones!
- A mi hermano mayor en la fe, pastor Tony Ochoa de Semilla Bilbao. Gracias por su apoyo e interés en mi y mi familia también en estos años. Gracias por exhortar y cuidar del bien espiritual de mi madre, quien lo amaba como a un hijo. Siga también siendo su vida bendición para la congregación que Cristo le encomendó.

Iniciado a finales de julio 2022 y terminado en enero 2023.

Dr. Matías Alejandro Jiménez Porchini.

Dedicatoria

Al que era, es, y ha de venir:
Al dueño de las amables moradas eternas:
Al Señor y Rey de los Ejércitos:

JESUCRISTO

Índice

Introducción

LAS SEÑALES DE CRISTO

La presente obra se esfuerza en hacer un "screening" o "barrido" más o menos rápido, no exhaustivo definitvamente, desde el Antigüo Testamento hasta el tiempo presente, de las señales expresadas a manera de profecías, tipos o prototipos para descubrir "Al que habría de Venir", nuestro Señor Jesucristo.

El propósito de éste resumido y básico estudio es el de, primero que nada, deleitarnos en el Amado, a través de las Sagradas Escrituras, para afianzarnos en nuestra fe, alimentar nuestro entendimiento con el conocimiento correcto e iluminado por obra del Espíritu Santo, recorriendo las diferentes etapas y dispensaciones que Dios trazó para Su primer proyecto como nación, Israel, nación a la que bendijo con Su especial protección y con las más ricas revelaciones proféticas que inequívocamente habrían de conducir a Su rebelde obstinado pueblo a descifrar y conectar los puntos a fin de reconocer la Revelación Suprema.

Y, segundo, con una mente en sintonía con la Palabra de Dios, habiendo viajado al pasado usando la muy triste experiencia de la nación israelita, llegar a la autoreflexión profunda: "¿reconozco yo las señales de Cristo? ¿Me deleito por anticipado en las promesas que Él ha dado por firmes a Su nueva nación, la Iglesia, tal y como Israel debió gozarse y dar por fieles las señales y profecías acerca de su Esperanza?"

Esperando que el tema y el propósito sean claros, deseo sea del agrado del lector, y humildemente entrego mi trabajo y cualquier fruto de éste a la Divina y Poderosa Soberanía de Nuestro Señor Jesús...

"...y aunque tardare, espéralo, porque sin duda vendrá, NO TARDARÁ"
Habacuc 2:3

Capítulo 1

LA SEÑAL DE INICIO

"Y pondré enemistad entre tí y la mujer, y entre tu simiente y la simiente suya;ésta te herirá en la cabeza,y tú le herirás en el calcañar"
Génesis 3:15

El escenario profético había comenzado; Dios ha dispuesto los términos y las "piezas" en acción para éste Ajedrez Cósmico-Escatológico confrontando al Príncipe de las Tinieblas encarnado en forma de Serpiente y la descendencia de nuestra madre Eva encarnado en forma de...?

"Porque un niño nos es nacido, hijo nos es dado, y el principado sobre Su hombro..."
Isaías 9:6

... sí. Encarnado como Hijo de Hombre.

Mediante lenguaje simbólico y tipológico, Moisés (autor de Génesis) expone a Satanás como una Serpiente (*Najash* en hebreo), mientras que Isaías y Ezequiel lo detallan como un gran Querubín Resplandeciente (en hebreo la palabra para Brillo, Resplandor, Cobre, es *Nejoshet*, derivada de la misma raíz para *Najash*). Quizás si el padre de mentira, Satán, se hubiera manifestado a Eva como "Resplandeciente" hubiera suscitado desconfianza en ella, puesto que el único Ser Glorioso y Resplandeciente conocido para nuestros primeros padres era El Todopoderoso. Por eso, en su astucia y malicia, usó el cuerpo del primer prototipo viperino, la Serpiente, quien en su estado inicial no se arrastraba como ahora, sino probablemente andaba erguida. Satanás pues, valiéndose también de la personalidad astuta y sigilosa de "Najash", posee, bajo permiso de ésta, su envase corpóreo, camuflajandose así de Eva, quien muy seguramente en otras ocasiones, ya había entablado alguna especie de diálogo con Najash previamente (sin duda alguna, pienso que en su estado inicial de inocencia y ausencia de pecado, la creación podía entenderse a plenitud y perfección con nuestros padres). Eva sucumbe a la tentación de Najash quien le inyecta, por así decir, el venenoso deseo de ser como Dios, el cual también halló cabida en Adán. El pecado había entrado en el código genético de la humanidad; su transmisión sería inevitablemente HEREDITARIA. Najash era el culpable, sí. Pero nosotros aceptamos ser mordidos voluntariamente.

Dios Padre, inmediatamente acude a poner orden en el caos que nuestra desobediencia había puesto en marcha. Maldice la tierra, sometiéndola a vanidad. Maldice a Najash, tanto en su corporalidad como bestia, así como implícitamente al padre de mentira Satanás quien usó a la serpiente. Ambos en adelante andarían humillados arrastrándose para siempre muy lejos de aquel cielo que codiciaron perversamente. Quedarían perpetuamente unidos, Satán y la Serpiente, en un binomio maligno que ha quedado patente a lo largo de la historia de la humanidad, en casi todas las culturas; Najash se presenta como el estandarte que reclama culto y que seduce con antigüa sabiduría engañosa. Sigue siendo "Resplandeciente", pero su iluminación es morosa y obscura, donde el pecado y la virtud pueden coexistir en un sincrético blasfemo matrimonio. No por nada el apóstol Pablo afirma: *" Y no es maravilla, porque el mismo Satanás se difraza como ángel de luz"* (2 Corintios 11:14).

Pero aunque Jehová Dios castiga severamente a nuestros primeros padres, dándoles la justa retribución de su culpa (la muerte), NUNCA los maldijo.

No. Dios Eterno, no maldice la obra de Sus manos. Por el contrario, la cubre en su vergüenza, misericordiosamente le alarga sus días no dandole muerte instantánea, y pone en acción la primer "señal" que anunciaba que ésta tragedia no sería perpetua, y que los días de Najash ya estaban en conteo hacia la derrota absoluta:

"Pondré enemistad entre tí y la mujer; entre tu descendencia y la suya..."
Génesis 3:15

Najash entendió perfectamente la señal, aunque no de modo pleno. Supo que de los descendientes de Eva vendría el Goel (voz hebrea que significa, el Primogénito, el Pariente Redendor, el Vengador de la sangre), que llevaría a cabo la misión de aplastar su cabeza. Un hijo de mujer vendría a ser su fin. ¿Cómo sería ésto posible? Si la primer pareja representante de toda la humidad, la primer generación obra de la misma mano de Dios había fallado, ¿por qué creer que los descendientes de tan infausta familia con tan desafortunada herencia genética habrían de hacerlo mejor? Esto debió hacer un ruido enorme en la mente de Najash. Pero viniendo de los labios del Santo y Verdadero, ésto no era ninguna broma. Sucedería. Y bien pronto Najash tomó medidas para evitarlo:

"...viendo los hijos de Dios que las hijas de los hombres eran hermosas, tomaron para sí mujeres...y también después que se llegaron los hijos de Dios a las hijas de los hombres, y les engendraron hijos..."

Génesis 6:2-4

Najash quizo tomar la delantera en el plan de Dios al intentar corromper la estirpe humana produciendo híbridos monstruosos (los **Nefilim** o gigantes) al incitar a los ángeles caídos de su rebelión celestial fallida (los **Bene Ha Elohim**, en su transliteración hebrea) a poseer hombres para que tuvieran relaciones sexuales con las mujeres. Un movimiento sumamente perverso del cual Pedro y Judas en sus epístolas dan fe, y que provocó el aprisionamiento de tales seres en cárceles del inframundo para evitar su comportamiento salaz, y también aceleró el juicio Divino a la humanidad con el diluvio. Debió haber sido un escenario horrendo el que Noé atestigüó al construir el arca de la salvación; una humanidad depravada, mezcla de hombres y seres infernales, con grotescas deformaciones y estaturas impensables, todos inclinados hacia el mal. Najash hizo una funesta buena labor para su plan. Solo ocho personas en todo el mundo antigüo pudieron escapar de la primera gran Purga del Creador que vino con agua. El Todopoderoso hacía el primer "Reset" de la humanidad. Su plan original de salvación continuaba en marcha. Del vientre de una mujer, lejos de toda corrupción e intento demoníaco, se gestaría el Gran Goel, JESUCRISTO. Najash empezaba a sentir Su Pie aplastando su cabeza.

Capítulo 2

LA SEÑAL DE ABRAHAM

"Ciertamente Sara tu mujer te dará a luz un hijo, y llamarás su nombre Isaac, y confirmaré Mi Pacto con él como pacto perpetuo para sus descendientes después de él".
Génesis 17:19

Luego del diluvio y el esparcimiento de todas las tribus y razas humanas a lo largo del planeta, Jehová Dios continúa Su plan redentor. Los tres grandes grupos étnicos provenientes de los hijos de Noé también se dan a la tarea de repoblar la tierra. Cada grupo según su lengua y según sus credos religiosos. No hay muchos detalles luego de la época postdiluviana como fué el culto a Jehová, quien ni siquiera se había dado aún a conocer por Su Nombre a la humanidad. Pareciera que el conocimiento del Omnipotente se hubiera borrado de las páginas de la historia antigüa. Solo el legado oral proveniente desde Adán sobrevivía. La caída, la expulsión del Paraíso de Edén, la división entre los hijos de Set y los hijos de Caín. Todas esas historias ahora mezcladas con matices de leyendas y, sin ninguna duda también, con paganismo. El gran querubín que Jehová puso como custodio del Huerto de Edén aún podía verse representado en las esculturas llamadas Terafines, mezcla de animal y ángel. Nuestros primeros antepasados seguro pudieron atestigüar, al menos por un tiempo, todas esas escenas, mientras aún no estaban tan lejos del que una vez fue nuestro hogar. Los nefilim horrendos también eran recordados en las tradiciones orales, y no sería descabellado pensar que Nimrod, el primer Grande sobre la tierra, aseveraría provenir de la raza de los Gigantes.

Y, por supuesto, Najash. Su legado de rebelión y engaño era aún patente entre las nuevas generaciones humanas. Su viperina representación ya podía contemplarse desde el lejano oriente hasta el mundo occidental y las américas. El culto a la Serpiente era OBLIGADO desde la salida del sol hasta su ocaso.

¿Quien sería el que movería la siguiente pieza del tablero?

"Pero Jehová había dicho a Abram: vete de tu tierra y de tu parentela, y de la casa de tu padre a la tierra que te mostraré".

Génesis 12:1

Dios Todopoderoso prosigue Su plan. Tomando a un hombre pagano con dudoso conocimiento del Dios verdadero, sumergido en un ambiente idólatra, pero sumamente fértil y próspero (la región de Mesopotamia, la Gran Creciente Fértil entre el Tigris y el Eufrates, Ur de los Caldeos), llenándolo de una fe insólita producto de Su gracia, lo persuade de abandonar toda su seguridad y certeza conocida, así como su hogar, para emprender un viaje hacia lo desconocido. El irresistible llamado de Dios encuentra eco en la mente del entonces llamado Abram. Y obedece. Del lugar más improbable de donde hacerse de un seguidor Dios toma a Su elegido. Najash ahora ya sabe quien es su blanco de ataque.

Habiendo llegado a la tierra que Dios prometió darle a él y sus descendientes (una tierra plagada de los más depravados habitantes, los Cananeos, hijos de Cam), viviendo como un nómada y acechado por sus inhospitos vecinos, Abram empieza su larga caminata hacia la total confianza y dependencia de Dios, que harían aumentar el peso de su fe hasta niveles de Justificación. Pero no fue fácil. Cuarenta años le tomaría al Todopoderoso labrar a éste nómada pagano hasta ponerlo como uno de los tipos más reveladores dentro del cúmulo de señales que profetizaban el Opus Magnus de Dios: la Redención.

Najash preparó su plan de ataque; usando la gran sequía que vino sobre la tierra de Canaán, que obligó a Abram a tomar decisiones sin consultar a Dios e irse a Egipto, pone en su corazón la prioridad de su propia autoconservación, y expone a su mujer Sarai con astutas semi-verdades a volverse una de las concubinas de Faraón. Un muy lamentable proceder del que sería llamado después Padre de la Fé, pero ilustra el gradual proceso de Dios en llevarlo a un conocimiento más pleno de Su Gloria y Poder, intercediendo en los primeros pasos del patriarca evitando que sus errores y poca integridad tiraran al suelo Sus planes. Mediante grandes plagas y azotes en la tierra de Egipto, Faraón descubre la verdad sobre Sarai, y sin haberse llegado a ella aún, se la devuelve a Abram y lo larga de Egipto. Abram vuelve a Canaán, de donde no debió irse. Najash no logra su objetivo de corromper el vientre de Sarai con semilla ajena.

Pero no desiste en su vicioso empeño de malograr los planes de Jehová. Estando en Canaán, y al paso de los años, usa ahora la debilidad de fe de Sarai, haciéndola quejarse contra Dios de su esterilidad, y proponerle un camino alterno a Abram para encontrar la "solución" a éste problema:

"Ya ves que Jehová me ha hecho estéril; te ruego pues, que te llegues a mi sierva; quizás tendré hijos de ella. Y atendió Abram al ruego de Sarai."
Génesis 16:2

Nuevamente la fé de Abram es puesta a prueba. Y nuevamente es hallada falta. Mediante ésta lógica (y seductora) propuesta, Abram racionalizó la promesa de Dios de que en efecto Él le daría descendiente de su propia sangre, solo que sin tomar en cuenta quien sería la madre. Si no vemos consultar a Dios al patriarca en una situación de supervivencia debida al hambre, aquí, pues, menos. Agar, la egipcia, probablemente traída en aquella humillante experiencia en Egipto, sería la portadora de la simiente de Abram. Aquí no vemos la intervención del Todopoderoso. Su infinita sabiduría y omnisciencia permiten ésta ventura. Najash pensó quizás que tenía en jaque a Dios; si no pudo corromper el vientre de Sarai con la semilla de Faraón, sí pudo lograr que a través de un yugo desigual la simiente de Abram tuviera sangre extraña, sangre de esclavitud. Sería cuestión de tiempo que las consecuencias hicieran su efecto. Abram ya habría conseguido su mayor anhelo: un hijo. Ya no necesitaría a Jehová. Las seguras querellas y disputas entre Sarai y Agar (que las hubo!) inclinarían la balanza hacia el bando materno, el bando egipcio, Abram repudiaría a su mujer Sarai, y terminaría muy probablemente olvidando el temor de Dios, volviendo a los ídolos, y criando un hijo bastardo idólatra. Adiós al plan de Dios. Najash sentía con alivio que el pie amenazante sobre su cabeza se alejaba.

No obstante, Dios Padre deja las cosas fluir libremente. Media, eso sí, una tregua entre Sarai y Agar cuyos conflictos empezaron bien pronto, y de los cuales Abram se desentendió con negligencia olímpica. Nuestro Señor no se intimida en lo absoluto ante éste drama familiar ni ante las fanfarronerías de Najash. Sigue trabajando en su muy desatinado, pero escogido, siervo Abram.

Veinticinco años luego de su primer llamado, a los casi 100 años de edad, Jehová reafirma a Abram Su promesa de darle descendencia y posteridad para bendición a toda la humanidad. Le asegura el nacimiento de un hijo fruto del vientre de Sarai, que para ésta instancia ya era una anciana de 90 años. ¡Esto no podía pasar! Nunca antes se había escuchado que de una pareja de seniles se gestara un embarazo. Tanto Abram primero, como después Sarai rieron ante tal afirmación. Pero ya Dios lo había hablado. El nacimiento del heredero prometido vendría a ser un Milagro. Fruto de hombre y mujer, sí. PERO CON TODO EL SELLO DE LA INTERVENCION DIVINA. Esto era una Señal inequívoca para todo el que buscara las pistas de como identificar Al que Habría de Venir, al Gran Goel: un nacimiento MILAGROSO.

Abram es ahora Abraham. Pero sigue aún tomando decisiones como aquel nómada pagano que fue ya hacía casi un cuarto de siglo. Si bien, lo vemos en el capítulo 19 de Génesis como un prototipo mediador intercediendo por los inocentes que hubiera en Sodoma y Gomorra al punto casi de exasperar a Dios, en el capítulo 20 su integridad y su fe son puestas de nuevo a prueba. Y más, el fruto que ahora comenzaba a gestarse en Sara (el nuevo nombre de Sarai) también se veía amenazado por Ha Najash quien vuelve a sembrar dudas y tibiezas en Abraham. No se menciona porqué la pareja se mueve en su ubicación a Gerar, una ciudad fronteriza entre Canaán y Egipto, a 16 km de Gaza, ciudad de Filisteos. Quizás hubo hambre de nuevo, o tal vez buscando alejarse de la devastación causada por el juicio de las ciudades de la llanura, y en vez de volver a Egipto, Abraham encuentra este conveniente punto intermedio. Abimelec es el rey de esa ciudad. Y rápidamente sus ojos reparan en la rejuvenecida hermosura de Sara (¡sin duda la obra de Dios en Sara debió darle un ángel de belleza irresistible a la antes marchita casi cadavérica mujer! O de lo contrario, pensaríamos que Abimelec tenía un muy raro y excéntrico gusto por mujeres ancianas!) Como haya sido, Abraham vuelve a fallar la prueba de integridad y fe, expone a su mujer a ser mancillada por otro hombre poniendo en sumo peligro la veracidad del linaje de Abraham. Abimelec, confiado en la palabra de Abraham, toma a Sara para su harem, pero antes de llegarse a ella, Dios vuelve a intervenir activamente alertando al rey de Gerar que Sara era mujer casada y que si no la volvía a su marido su muerte estaba asegurada. Abimelec muestra más integridad que Abraham, quien además de devolverle a su esposa intacta, da a Sara una dote que la proteja de futuros intentos de Abraham de volver exponer a su esposa para su provecho. Con "guante blanco" Abimelec abofetea al patriarca como diciéndole: "si por dinero y bienes haces esto, aquí tienes, ya no deshonres a tu esposa". Dura, muy dura lección. En ocasiones Dios usa a los incrédulos para enseñar integridad a Sus propios hijos. Pero aún no acababa el examen para Abraham. Faltaba la prueba final.

"Toma ahora tu hijo, tu único, Isaac, a quien amas, y vete a tierra de Moriah, y ofrécelo ahí en holocausto..."
Génesis 22:2

Aproximadamente 15 años luego del nacimiento milagroso de Isaac. Dios alista a Su siervo Abraham para una misión sobremanera contradictoria, ilógica...y cruel (¡! ¿No acaso dijo el viejo profeta Simeón al tener al Esperado en sus manos: *"He aquí, éste está puesto para caída y levantamiento de muchos en Israel, Y PARA SEÑAL QUE SERA CONTRADICHA, y una espada traspasará tu misma alma"* Lucas 2:34-35).

Abraham debió sentir la orden de Dios de ir y ofrecer a su amado hijo en holocausto para Él como la mas amellada oxidada y retorcida espada penetrando lenta y despiadadamente en su corazón. ¿Acaso Dios no le había dicho años atrás: "En Isaac te será descendencia"? ¿No había también despedido años atrás a su hijo Ismael para proteger a Isaac y asegurarle toda su herencia? El viejo patriarca parecía que no vería el bien que tanto deseó con toda su alma: ver su descendencia como las estrellas del cielo y las arenas del mar. Y además, que con sus propias manos le podría fin a su esperanza.

Pero el otrora nómada pagano, tibio y vacilante en su fe HA CAMBIADO. A través de casi medio siglo de caminar con Dios, de conocerlo, de ver Sus obras, Su fidelidad y protección en tiempos difíciles, Su mano Poderosa ayudándolo en sus momentos de crisis, de guardarlo de cometer errores irreparables, Abraham deja de lado cualquier vestigio de racionalismo, contemporización y/o pretextos, y se abandona ésta vez en la Contradictoria Sabiduría del Todopoderoso:

"Abba, si quieres, pasa de Mí ésta copa; pero no se haga Mi voluntad sino la Tuya".
Lucas 22:42

En su camino al monte Moriah, Abraham seguramente en su interior luchaba como luchó nuestro Gran Redendor esa noche en Getsemaní. Tenía que obedecer contra toda debilidad, incluso hasta el punto de la sangre. Solo que la sangre sería la de su amado hijo Isaac. Conforme alzaba su paso hacia el monte, Abraham se alzaba espiritualmente a niveles Mesiánicos al estar dispuesto a obedecer la Voluntad del Padre, tal como Nuestro Señor Jesús. Abraham también estaba encarnando la figura del Santo y Verdadero, del Eterno Dios listo para descargar Su ira contra Su propio Hijo. Najash seguro estaba pasmado. "Esto no puede ser. ¡Esto no lo vi venir!"

"¡Sí Najash! ¡Míralo bien! Éste es Mi Plan para derrotarte. Si éste miserable hombre es capaz de obedecerme, de apoyarse en Mí para tener fuerza al grado de dar muerte a su propio hijo, ¿Cuánto más Mí Hijo me obedecerá cuando llegue Su hora de ser Mi Holocausto en pago por los pecados de los hombres? ¡Míralo! ¡Ese soy YO y ese es Mi Hijo!"

El resto del relato lo encontramos en el mismo capítulo. Abraham recibe a su hijo Isaac sin daño en recompensa por su obediencia a Dios. Dios Padre recibiría a Su Hijo luego de ser quebrantado en Su cuerpo y exanguinado hasta la última gota. Pero por Su obediencia en humillación, Cristo recibiría como recompensa Honor, Gloria y Nombre Eterno, y así como el gran Patriarca Abraham:

"...verá linaje, vivirá por largos días...verá el fruto de la aflicción de Su alma, Y QUEDARÁ SATISFECHO."

Isaías 53:10,11

Capítulo 3

LA SEÑAL DE LOS PATRIARCAS

"Desechó la tienda de José, y no escogió la tribu de Efraín, sino que escogió la tribu de Judá, el Monte Sión, al cual amó".
Salmo 78:67-68

Año 2000 A.C. Abraham ha muerto. Isaac su hijo es depositario de las promesas del Todopoderoso. Parece que ha aprendido bien de los errores de su padre. No es como aquel intrépido nómada voluntarioso. Es un hombre de meditación en tiempos de espera (Génesis 24:63). Y ante la prueba de perseverancia en situaciones difíciles, es un hombre diligente en la oración, clamando a Jehová por la esterilidad de Rebeca (Génesis 25:21). No hay caminos alternos, ni ayudas al plan de Dios en la vida de Isaac. Pese a todo, no es enteramente perfecto en su caminar. Ante otra hambruna que sobrevino en sus días, avisado por Dios que no fuera a Egipto, repite curiosamente el patrón engañoso de su padre al mentir sobre su esposa (y mentira completa, puesto que Rebeca no tenía consanguinidad directa con Isaac) al morar en Gerar (Génesis 26:6). ¡Dios sea misericordioso con nuestros hijos/as, y les conceda no repetir los tristes errores que hemos cometido nosotros sus padres!

Empero, Dios bendice y protege al solitario nómada, lo enriquece grandemente, y le concede que sus propios enemigos alrededor lo respeten y teman. Es también escuchada su oración (¡luego de 20 años!), y Rebeca da a luz gemelos: Esaú y Jacob.

En un drama familiar que pudo haber cambiado el destino del futuro pueblo de Dios, Israel, Rebeca es anunciada por Dios que de su vientre saldrían dos naciones, y que el hijo mayor vendría a ser siervo del menor. Aquí, se levantaría la siguiente cuestión: ¿fue Isaac notificado de la gran revelación que Rebeca recibió de Dios? Aunque Génesis no repara en éste detalle, tengo la sospecha que sí. Isaac debió recibir de Rebeca la profecía respecto a sus hijos. Pero probablemente su corazón de padre terrenal se apegó mas a su primogénito Esaú. Debió ver mucho de Abraham su padre en el carácter fuerte y aventurero de Esaú. Mientras que Jacob, el menor, quizás le recordaba mucho de sí mismo, pasivo, contemplativo…aburrido incluso. Pero Dios ya había dado Su veredicto. Soso, aburrido…o incluso embustero, Jacob sería el que continuara Su plan. Pero Isaac, ya en sus últimas etapas de peregrinaje, sucumbe ante los murmullos de Najash, y previendo que su muerte ya estaba próxima, quiere dejar a Esaú como líder del clan. Providencialmente, el viejo patriarca aqueja una ceguera tan pesada que le es imposible distinguir quien es quien, situación que Rebeca y Jacob aprovechan para suplantar a Esaú mientras éste andaba de caza. Llega un punto en ésta dramática escena donde Isaac confronta al disfrazado Jacob tan directamente que no le queda más remedio que indulgir en la mentira completa:

"¿Eres tú mi hijo Esaú? Y Jacob respondió: Yo soy."

Génesis 27:24

Si Jacob hubiera antevisto todo la madeja de consecuencias que su mentira trajo para sí y su familia, dudo mucho que hubiera continuado con ésta charada. Dios ya lo había escogido; no era necesario robar Su bendición. No obstante que Jehová acompañó a Jacob en todo lugar a donde fue, no retuvo la cosecha de infortunios y tribulaciones que le dio a beber en un vino mezclado amargamente. Veamos los que sorteó en los primeros 20 años:

1) Nunca volvió a ver a su madre
2) Esaú lo odió profundamente y buscó ocasión para matarlo
3) Tuvo que salir de la tierra de promesa
4) Labán su tío lo engañó cambiándole a Raquel por Lea
5) Fue jornalero sin paga por más de 14 años
6) Labán le cambió su salario en más de 10 ocasiones y quiso despojarlo de todo
7) Tuvo que huir apresuradamente a escondidas de Labán

En aquella noche memorable en Peniel, cuando se dirigía de regreso a Canaán, con el miedo a encontrarse a su hermano Esaú, Jacob espiritualmente nace de nuevo luego de una encarnizada lucha contra el Ángel de Jehová (Génesis 32:24). Dios gráficamente le decía: "has sido un suplantador, un embustero y un fuerte en fuerzas propias; ya no más. De aquí en adelante serás Israel. Yo seré tu fuerza, y ésta cojera será tu recordatorio."

Jacob, ahora Israel, sí fue transformado a raíz de ese encuentro. Aprendió a adorar a Jehová y hacerlo su fuerza. Pero lamentablemente el cúmulo de infortunios no había terminado para el renovado patriarca. Sus muchos hijos, de madres diferentes fueron su interminable jaqueca. Si bien el tener gran número de herederos era garantía de seguridad y protección para un clan, en Israel se tornaron piedras en su calzado. Y en parte también fueron sus decisiones presentes los que aumentaron esa carga: nunca amó a su esposa Lea (tradiciones rabínicas incluso mencionan que su intimidad con ella era violenta), por ende, los hijos nacidos de ella, Rubén, Simeón, Leví, Judá, Isacar y Zabulón (Dina también) fueron menoscabados en sus afectos también por Israel. Ni hablemos de los hijos de sus concubinas, Dan, Aser, Neftalí y Gad, hijos de madres alquiladas. Todos los afectos eran para el único hijo de su amada Raquel, José. En vez de congregar a todos sus hijos y amarlos y enseñarles el temor de Dios, lo más seguro era que se dedicó exclusivamente en tutelar a su hijo menor. Y para hacer las cosas peores, el darle una túnica colorida, de gran precio en aquellos días, era gritarles en la cara a sus desatendidos hijos:" ¡Vean como amo a mi escogido!" Un clima de acérrima competencia, rivalidad y comparación era natural a volverse lo que se volvió: odio. Jacob no tardaría en pagar esas preferencias.

José, ajeno a los errores de crianza de su padre, parece que sí aprovechó las enseñanzas de éste, y desde temprana edad aprendió a temer a Jehová. Además, Dios se agradó del alma del joven, y lo dota de una gran sabiduría y el don de interpretar sueños. Génesis 37 describe como José es profetizado a tener la preeminencia sobre su familia mediante sueños que son interpretados por sus mismos hermanos y padre. Describe también el intento criminal de sus hermanos por deshacerse de él, su venta como esclavo a mercaderes ismaelitas por 20 piezas de plata (un gran tipo de la traición de Judas al Gran Goel Jesucristo), y su llegada a Egipto. Jacob no acababa aún de pagar por sus errores del pasado. Engañado por sus hijos, llora la pérdida de José, apenas consolado para no morir por el último hijo de su difunta amada Raquel, Benjamín.

Jehová Dios entretejía en medio de ésta enmarañada madeja de hilos paciente y diestramente, usando la libre voluntad de todos los personajes de los últimos capítulos de Génesis; no había ni por un momento perdido la punta del hilo. La tenía justo en Sus dedos, lista para clavarla en el ojo de la aguja y dar la siguiente puntada. La gran Providencia del Eterno. Nunca llega tarde.

Mientras José era preparado para su gran misión en Egipto, sus hermanos se muestran cada vez menos merecedores de continuar dignamente el linaje de

Israel. Rubén, incontrolable en sus apetitos carnales, deshonra a su padre al acostarse con una de sus concubinas, Bilha. Simeón y Leví llevan a cabo una masacre genocida en Siquem en venganza por el ultraje de su hermana Dina. Judá confunde a su nuera Tamar como prostituta religiosa y se llega a ella dejándola embarazada incestuosamente. ¿Estos eran los que perpetuarían el Nombre de Dios y serían para bendición a las naciones? ¿De alguno de éstos saldría el verdugo de Najash? ¡Sonora carcajada soltaría éste! "¡Pero si son igualitos a mi!", debió exclamar aliviado. Su cabeza nunca estuvo más segura. No, ni para que tentarlos más. Sus mismas pasiones se encargarían de neutralizarlos. José era ahora el blanco de ataque de Najash.

Mientras trataba de prosperar de algún modo como mayordomo de la casa de Potifar, Najash prepara su maligno plan de corromper al noble hijo de Jacob. Incendia con lujuria bestial a la seductora esposa de Potifar, quien busca en repetidas ocasiones tentar a José para cometer adulterio. El Eterno blinda la conciencia de Su protegido seguramente con los piadosos recuerdos de su padre, enseñándole a obedecer al Todopoderoso y ser íntegro en todo, hasta en lo más oculto. Muy seguro también al ver el testimonio de pobreza moral de sus hermanos, José entendió que si cedía en sus apetencias nunca más volvería a ser el mismo. El temor de Dios estaba firmemente enraizado en el alma del futuro patriarca, y pese a sentir el golpe de su sangre inundando su cuerpo cada vez que esa depravada mujer lo acosaba, en un supremo azote contra sus pasiones, huye de la tentación dejando su ropa, que seguramente ya la pérfida mujer empezaba a quitarle, y provocándole una diabólica ira alentada por Najash, quien ya saboreaba el degradar la integridad del joven. José es calumniado como un criminal potencial violador. Todo el esfuerzo de años pasados por lograr alguna paz y prosperidad eran injustamente llevados al suelo...y a la cárcel. Encarnaba aquí al Gran Goel Jesucristo, soportando la tentación que Najash en persona preparó contra Él en el desierto; en Su juicio injusto y en toda las calumnias y difamaciones que fraguaron contra Él. José tenía todos los motivos para desalentarse y amargarse. Era demasiado. Puedo oír al abatido quebrantado siervo de Dios clamar desde su celda: "¡Señor! ¿Dónde estás? No puedo más, ¡sálvame!"

"Pero Jehová estaba con José, y le extendió Su misericordia..."

Génesis 39:21

José no estaba solo. A pesar de lo duro y desalentador de su panorama actual, El Señor del Universo seguía con Su mano muy firme en el enmarañado tejido que era la vida de Su escogido. José era Su siervo. Y aún tenía planes para él. Contigo también; si eres Su siervo…

"Cuando pases por las aguas, Yo estaré contigo; y si por los ríos, no te anegarán. Cuando pases por el fuego, no te quemarás, ni la llama arderá en ti."

Isaías 43:2

…NO LO OLVIDES, SIERVO DE DIOS.

Años después de éstas cosas (5 años por lo menos), Génesis 40 relata la providencial mano de Dios interviniendo en la escena, causando que un par de siervos de Faraón encarcelados también narraran sus extraños sueños a José. De ahí en adelante, habiendo profetizado correctamente el significado de éstos, dos años más tarde, el copero de Faraón ahora en libertad y de vuelta a su cargo, ante la gran perturbación que los sueños de su amo habían causado en todo el palacio, y que nadie podía atinar a darles significado, recuerda a José, el esclavo hebreo que profetizó acertadamente su sueño, y luego de declararlo a Faraón, José es llevado ante su presencia. Ha comenzado la cuenta regresiva para el encuentro de José con sus hermanos. Y para el cumplimiento de sus viejos sueños. José sería encumbrado primero en Egipto, y después sobre toda su familia. Otro gran tipo de Jesucristo, finalmente recibiendo todo el honor y gloria que merece luego de Su humillación, primero en Su iglesia (mayormente compuesta de gentiles), y después sobre Su rebelde pueblo Israel.

Luego de los primeros 7 años de abundancia correctamente profetizados por José, quizás 2 años luego, cuando arreció la hambruna también certeramente anunciada, llegan a escena en Egipto los hermanos de José buscando comprar alimento para llevar a sus familias en Canaán. En un despliegue teatral de autocracia despótica, José finge no conocerlos, y los acusa de ser espías. Lo que es más, los arroja a todos a un calabozo por tres días. ¿Fue José cruel con ésta acción? Quizás. Pero tenía un propósito. Quería hacerles recordar a sus indolentes hermanos la angustia que él vivió hace más de 20 años atrás, cuando lo arrojaron al fondo del pozo, y se desentendieron callosamente de él sin importarles sus gritos y súplicas. Quería que sintieran esa injusticia en carne propia. ¿Revancha, venganza? En parte quizás, pero aunque era bien merecida y justa, José tenía un plan aún a largo plazo para ellos, y esto fue solamente el ablandado inicial. José quería sacarles desde lo más profundo de sus duras conciencias el sincero arrepentimiento. ¡Otro tipo de Nuestro Señor Jesús, cuando en la consumación de los tiempos, en medio de la Gran Tribulación, sacuda con toda suerte de plagas y desastres a su endurecido pueblo Israel hasta forzarlos a reconocer que "sin causa lo odiaron", y griten arrepentidos que los salve!

Finalmente, cuando José logra acorralarlos mediante ingeniosas artimañas, inculpando a su hermano Benjamín y amenazando con hacerlo su esclavo para siempre, Judá habla en representación de todos sus miserables hermanos y exclama la más honesta confesión de culpa que por más de 20 años habría intentado ocultar en el olvido: "¡Dios ha hallado la maldad de tus siervos!" (Génesis 44:16). Judá ya no era el mismo. Había experimentado en carne propia el ser despojado de dos de sus hijos, Er y Onán. Judá conoció ese dolor. Podía empatizar con su padre, despojado de su hijo amado, y sin siquiera el consuelo de ver su cuerpo por ultima vez y llorarlo en un entierro apropiado. Sabía que Jacob no soportaría otro golpe así. Vería a su padre morir en la más intensa agonía concebible. Aún seguro recordaba los gritos de éste cuando le mostraron la túnica de José embarrada de sangre. Sus meses de luto arrastrándose en tierra y negándose a todo consuelo. Ningún padre debería ver morir a sus hijos. Pero ningún hijo con algo de corazón soportaría ver a un padre en tan desolador estado. Judá no lo olvidó. Su conciencia se volvió su enemiga desde ese día en adelante, y ningún pecado o deleite carnal pudo nunca acallar su voz. Por eso salió fiador de su hermano en su viaje a Egipto. Jacob pudo ver la honestidad por primera vez en los ojos de su hijo Judá, y le cede el cuidado de Benjamín. Jacob también tiene que dar su salto de fe, como Abraham su ancestro. Tiene que dejar ir lo que más quiere, y confiar en el Todopoderoso.

Judá, el cuarto hermano. Sabía que Rubén aún siendo el primogénito, por la deshonra contra su padre perdería sus derechos; Simeón y Leví también estaban en un lugar de infamia en la lista de sucesores. Seguía él en ésta. Pero mientras Benjamín estuviera en el camino ni él ni nadie probarían las riquezas de la herencia de Jacob. Ya lo habían hecho con José antes. Ahora con Benjamín tenían la excusa perfecta. Sin sangre, sin culpa. "Vamos Judá", Najash le murmuraría al oído, "El camino está libre. ¡Toma lo que es tuyo!"

Pero el que en su nombre llevaba el título "Alabanza" por primera vez en su sucia vida entona la más sublime Alabanza al Creador al encarnar al Gran Goel

Jesucristo, negando alabarse a Sí mismo y humillándose al volverse esclavo en lugar del verdadero culpable. Sinfónica Poesía Celestial. Najash tapaba sus oídos, crujía los colmillos y serpenteaba alejándose de la conmovedora escena de reconciliación entre José y sus hermanos. Los ángeles en el Cielo eran los únicos gozosos espectadores de tan inigualable Loor.

Luego de 20 años, ya con Jacob en Egipto, los doce patriarcas están reunidos y congregados en el lecho de muerte del Gran Patriarca principal Israel. Génesis 49 relata la gran profecía respecto a cada uno de ellos en los años porvenir. El agónico peregrino luego de más de 140 años de caminar con Dios, de haber visto toda Su fidelidad, de ser transformado de un usurpador embustero a un quebrantado guerrero vencedor, listo para su último viaje hacia el más allá, con clarividencia sobrenatural exclama de donde vendría El Esperado. ¿De José, no?, NO:

"Judá, te alabarán tus hermanos; tu mano en la cerviz de tus enemigos; LOS HIJOS DE TU PADRE SE INCLINARÁN A TI. Cachorro de León, Judá; de la presa subiste, hijo mío. Se encorvó, se echó como león. Así como león viejo, ¿quién lo despertará? NO SERA QUITADO EL CETRO DE JUDA, NI EL LEGISLADOR DE SUS PIES, hasta que venga SILOH; Y A ÉL SE CONGREGARAN LOS PUEBLOS."

Génesis 49:8-10.

Dejo al pastor John McArthur expresar sus palabras de tan asombrosa y precisa profecía:

"Tan fuerte como un cachorro de León, y agazapado como león viejo, a la línea de Judá pertenecían la preeminencia nacional y la condición regia, incluyendo a David, Salomón y su dinastía (seiscientos cuarenta años después de esto), así como "Siloh", el criptograma para el Mesías, aquél a quien pertenece el cetro, también designado como "el León de la Tribu de Judá". En la marcha por el desierto, Judá iba en primer lugar (Nm. 10:14) y tenía la mayor población en el censo de Moisés (cp. Nm. 1:27;26:22)."

Siloh, palabra de significado incierto, pero que pudiera haber significado "El Pacífico, El Reposado", quizás deriva de la misma raíz que la conocida palabra "Shlom", "Paz", encontraría su debida interpretación y aplicación a la luz de Isaías 42:1-2: "He aquí Mi Siervo, Yo le sostendré; Mi Escogido, en quien Mi Alma tiene contentamiento; he puesto sobre Él Mi Espíritu; Él traerá justicia a las naciones. NO GRITARÁ, NI ALZARÁ SU VOZ, NI LA HARÁ OIR EN LAS CALLES."

El linaje del Gran Goel Redentor ha sido trazado. La señal de los Patriarcas no deja lugar a dudas.

Capítulo 4

LA SEÑAL DE DAVID

"Lo veré, mas no ahora; lo miraré, mas no de cerca; saldrá ESTRELLA de Jacob, y se levantará cetro de Israel."
Números 24:17

Los patriarcas han muerto, pero de sus lomos han salido millares de descendientes de Abraham. La promesa de Dios a Su amigo ha sido cumplida. A través de Jacob y sus 12 hijos una nación ha nacido: Israel.

Bajo el cuidado de José en Egipto, las 70 semillas que llegaron de Canaán fueron sembradas, fructificaron y prosperaron. Son en verdad incontables como las estrellas y como la arena del mar. Pero viven en tierra ajena. Por más de 4 generaciones habitan lejos de la tierra de promesa. Muerto José y todos los que alguna vez lo conocieron, los que pudieron sentirse en deuda por haber preservado a Egipto de la extinción debida al hambre, ahora la primer nación gobernante sobre el mundo antiguo se enseñorea cruelmente sobre Israel, usándolos como mano de obra barata para agrandar sus obras y mostrar su poder.

Es aquí donde aparece otra gran figura prototípica del Gran Redentor: Moisés. Al cabo de los 400 años que Dios comunicó a Abraham que pasarían sus descendientes prisioneros en tierra extraña, el Todopoderoso toma a éste hombre de la tribu de Leví, un otrora príncipe de Egipto, homicida fugitivo, ahora convertido en un humilde pastor de las ovejas de un Madianita. Luego de 40 años de aleccionamiento en las soledades del desierto, el intrépido Moisés que en su juventud quiso cumplir el plan de Dios en fuerzas propias (con resultados lastimosos) recibe, ahora sí, la encomienda de Dios de ir y sacar a Su pueblo de Egipto, para llevarlos a su tierra, Canaán…

"…¿no te envío Yo?"
Jueces 6:14

¡Cuánto poder emana de tan sencilla pregunta retórica!

El vacilante Moisés obedece finalmente la encomienda de Dios. Lleva con él el arma más poderosa que lo ayudará durante toda su travesía, hasta su muerte: El Nombre de Dios. **YO SOY**. **YAHWE**.

Después de asolar Egipto con 10 juicios a modo de plagas, Moisés sale triunfante llevando con él a Israel ; como pastor con su rebaño de ovejas, el siervo de Dios pastorea las 12 tribus de Jacob en el desierto por 40 años. Obras maravillosas narradas en el Éxodo de parte de Dios por mano de Moisés en favor de Su pueblo camino a la tierra que fluía leche y miel. Reciben en Sinaí el Primer Pacto, La Alianza, La Ley. Dios se muestra aterrador mediante densa nube, relámpagos y humo. Quiere inculcar en Su Pueblo Su temor reverente. Israel se cimbra con la voz estruendosa del Todopoderoso pronunciando Su Nombre Santo al aullido de bocinas. El pánico se apodera de ellos y ruegan a Moisés que sea el intermediario entre ellos y Dios. Israel en su temor ha manifestado la gran verdad. NO PUEDEN ACERCARSE A DIOS SIN UN MEDIADOR DE POR MEDIO. Dios afirma a Moisés como Su mediador. Otro Tipo de nuestro Único Mediador Jesucristo

No sería esa generación la que entraría en el reposo de Dios. Ni tampoco Moisés. Josué luego de la muerte del primer gran Profeta, el cuál habló veladamente sobre el advenimiento del Esperado: "Profeta de en medio de tí, de tus hermanos, como yo, te levantará Jehová tu Dios; a Él oireís" (Deuteronomio 18:15) sería quien finalmente luego del peregrinaje en el desierto introduciría a Israel a tierra de Canaán

Los primeros 300 años de Israel como pueblo Teocrático fueron desastrosos; muerto Josué y toda la generación que anduvo en el desierto y conocieron a Moisés y vieron las maravillas de Jehová, Israel se sumergió paulatinamente en el caos espiritual y nacional. El libro de Jueces da fe de esos lamentables eventos. Debido a la desobediencia de la nación al no arrojar a todos los pueblos cananeos, hacer alianzas con ellos y menospreciar los mandamientos de Dios, la idolatría y el paganismo fueron ganando terreno. Tribus como la de Rubén, Gad y Manasés, al otro lado del Jordán, fueron aisladas del centro del culto a Dios cuyo tabernáculo se hallaba en Silo (a 32 km al norte de Jerusalén), generando de éstas regiones focos de paganismo debido a su colindancia geográfica con Moab, Amón y Edóm, que contagiaron perniciosamente a las demás tribus. Los levitas, cuyos deberes incluían el enseñar la Ley a las tribus fueron desatendidos gradualmente, y forzados a trabajar en sus campos para subsistir abandonaron todo esfuerzo de enseñanza. Otros, se dieron a la errancia, y terminaron siendo sacerdotes de capillas paganas. La tribu de Benjamín, debido a su gran inmoralidad y barbarie casi fue aniquilada en una revuelta civil. No podía ser peor el estado de degradación espiritual de Israel

Así pues, la Teocracia de Israel bajo el mando de los Jueces vivió un reavivamiento transitorio por 40 años durante la vida y liderazgo del juez y profeta Samuel, levita, hijo de una madre piadosa que entendió que sus deseos y anhelos venían después de la obediencia a Dios. El Señor se manifestó a Samuel desde su juventud con palabra y clarividencia profética. Fue testigo de cuan descuidado estaba el culto a Jehová desde las entrañas mismas de la nación: el sacerdocio. Debió estremecerse de la grave indecencia y menosprecio que los hijos del sumo sacerdote Eli mostraban a Dios mismo justo a las afueras del lugar Santísimo. Eli fue sobremanera tibio y condescendiente con ellos, parecía solo importarle que su carne estuviera asada a su gusto. Con todo, el viejo y obeso sumo sacerdote parece que sí cumplió en enseñarle a Samuel a ministrar debidamente en el Tabernáculo y a saber discernir la Palabra de Dios. Con pesar, el joven debió darle su primer mensaje profético a Eli, manifestando la gran purga que Jehová haría desde Su Casa misma cortando el linaje sacerdotal de Eli y traspasándolo a la línea de Sadoc; sería con suma violencia y tragedia nacional el comienzo del cumplimiento de ésta profecía: Eli y sus dos hijos murieron en un solo día, cuando los Filisteos arrasaron al ejército de Israel, secuestraron el Arca del Pacto para llevársela como trofeo de guerra al templo de sus dioses. Destruyeron para siempre también el Tabernáculo de Silo, el mismo que Moisés mandó construir en el desierto por orden de Dios. Israel había tocado fondo. Al borde de la obliteración total como nación, Samuel aprendió con éstas terribles imágenes que Dios ES SANTO, y que Su Culto TAMBIEN. No permitiría ninguna clase de profanación por parte de Sus sacerdotes, ni de la nación tampoco. Llorando al lado de su vejada diezmada nación, Samuel desarrolló el verdadero temor a Dios y así se esforzó en transmitirlo a Israel. Dios mostraba luego de Su ira Santa su consolación misericordiosa a Su pueblo; el Arca era devuelta a Israel luego de varios meses retenida en ciudades filisteas, que pagaron con grandes plagas el insulto de tomar el Trono de Dios en la tierra como botín, y ponerlo en exhibición junto a ídolos. Si bien Israel en esos momentos no era mejor que los paganos filisteos, seguían siendo Su pueblo, hijos de Su amigo Abraham. Y lo necesitaban ahora luego de tan duro quebrantamiento. Samuel juzgó a Israel con la fuerza de Dios, sirviéndolo de todo corazón, intercediendo por ellos, enseñandoles la Ley, y con su vida dió ejemplo y testimonio de suma integridad. El oficio profético revivió abundantemente durante su etapa. Sentó los precedentes de lo que en breve sería el comienzo de una nueva dispensación para Israel: la Monarquía sometida aún a la Teocracia bajo revelación y guianza Profética

Samuel llega al fin de su etapa como Juez (pero no como Profeta) al ungir al primer rey de Israel, Saúl, de la tribu de Benjamín. Un hombre sin muchas pretensiones, de carácter voluntarioso, pero apocado al mismo tiempo. Samuel debió arropar con gran afecto al joven rey, quizás hasta amarlo como un hijo, deseoso que siguiera los pasos de Dios, cosa que sus mismos hijos no hicieron. Sin duda alguna le enseñó todo lo referente a la Ley, y recordándole los tiempo duros que vivió la nación décadas atrás, instaba a Saul a amar a Dios y serle fiel. Tras un buen comienzo (derrotando incluso a un representante infernal del original Najash: Nahas, rey amonita) Saúl va siendo víctima de sus propios yerros. Un poco de concesión aquí, autojustificada quizás, pero exhibiendo una obediencia imperfecta, y lo que es peor: una fe débil. Sin desechar a Saúl aún, ya Dios empieza a buscar rey sustituto proveniente del linaje de Judá, de acorde con Su plan original

Es así que en éstos contextos y circunstancias aparece David. Luego del episodio de máxima desobediencia y rebeldía de Saúl (registrado en 1 Samuel 15), que ocasiona que su reino fuera acortado y todo su linaje desechado por parte de Dios, Samuel, el incansable Samuel, a quien parece que Dios le hubiera negado cualquier derecho de "jubilación" (¡me conceda Dios a mí esto también, seguir siendo usado por Él y para Él hasta el fin de mis días!), luego de llorar por la desgracia de su arropado querido alumno recibe la comisión divina de ungir al que comenzaría la dinastía profetizada por Jacob en Egipto, la dinastía que habría de traer al Esperado: David.

"Abraham engendró a Isaac, Isaac a Jacob, y Jacob a JUDÁ y a sus hermanos. Judá engendró de Tamar (aquel embarazo incestuoso de Génesis 38) a Fares y a Zara, Fares engendró a Esrom, y Esrom a Aram. Aram engendró a Aminadab, Aminadab a Naasón, y Naasón a Salmón. Salmón engendró de Rahab a Booz, Booz engendró de Rut a Obed, y Obed a Isaí. Isaí engendró AL REY DAVID..."

Mateo 1:2-6

Hablar a detalle sobre David tomaría volúmenes completos; cualquier semblanza por escueta que sea de éste gran Tipo de Jesucristo nos llevaría muchas páginas. Por ende, tratando de no hacer pesada la carga de lectura, pero también sin descuidar demasiado la fuerte tipografía que encierra éste personaje clave en la historia bíblica, me limito a resumir las "sombras y figuras" más sobresalientes:

- David pastor de ovejas – Jesús El Buen Pastor
- David trovador y compositor de salmos – Jesús Verbo Encarnado (aunque nuestro Señor no escribió ni una página de la Escritura, Él es el Autor de toda ella, y Sus enseñanzas fueron tan numerosas que el apóstol Juan testifica que no cabrían en el mundo todos los libros que pudieran escribirse de ellas)
- David menospreciado por sus hermanos – Jesús rechazado por todo Su pueblo
- David bisnieto de Booz, un goel judío importante – Jesús EL GRAN GOEL
- David obediente a su padre Isaí – Jesús obediente a Su Padre Dios
- David ungido por profeta – Jesús ungido en el bautismo por Juan, el Mayor Profeta
- David proclamado por Dios como "hombre conforme a Su corazón" – Jesús proclamado por Dios como HIJO SUYO MUY AMADO
- David vencedor de Goliath usando una piedra – Jesús es la Piedra Angular venciendo a Satanás y la muerte
- David poderoso rey guerrero en batalla – Jesús Rey de reyes y Señor de señores
- David conquista Jerusalén para hacerla capital de su reino – Jesús abre la puerta de la Jerusalén Celestial para hacernos herederos en Su reino
- David llora y lamenta su pecado – Jesús carga el pecado del mundo sobre Su espalda
- David profetiza del Mesías – Jesús es EL MESIAS

Vemos como todos los atributos y tipos mesiánicos de David se ven incrementados exponencialmente en Cristo.

David fue dotado de grandes revelaciones producto de su íntima comunión con Dios desde temprana edad; sin lugar a dudas en sus horas de vigilia por las noches cuidando del rebaño de ovejas de su padre, tendido en el suelo con la gran bóveda celeste nocturna desplegándose portentosa ante sus ojos recibió la inspiración para componer líneas de exquisita literatura poética espiritual como el salmo 8: *"Cuando veo Tus cielos, obra de Tus dedos, la luna y las estrellas que Tú formaste..."*

Producto también de éstas jornadas extenuantes como pastor, se compara a sí mismo como una de esas sucias, malolientes, torpes y exasperantes ovejas que necesitan el sufrido y devoto cuidado de un Buen Pastor en el salmo más conocido por toda la cristiandad y el judaísmo: salmo 23.

En sus momentos de arrobamiento y éxtasis espiritual escribe alegres y esperanzadoras líneas llenas de profecía Mesiánica:

"Pues no dejarás mi alma en el Seol, ni permitirás que Tu Santo vea corrupción."

Salmo 16:10

También en sus momentos de tribulación David desfondó su alma en súplicas y clamores intensamente proféticos, tan proféticos que encarnaban todos los padecimientos de nuestro Señor Jesucristo con tal precisión y exactitud como si David estuviera ahí mismo, 1000 años después en el Golgotha, colgando de una cruz y abandonado por Dios: salmo 22.

Debido al pacto que Dios hace con David de darle a él y a su descendencia un trono y un reino afirmados perpetuamente (2 Samuel 7), la imagen de David queda inextricablemente unida a la figura e ideal Mesiánico. En adelante, todos los reyes, tanto los de Judá como los de Israel son medidos de acuerdo al estándar de David.

Es también por eso que su pecado tiene las más profundas y lamentables consecuencias en su vida. Pero sirvió para mostrar la fidelidad de Dios a Sus promesas, y para mostrar a Su Pueblo que el ideal Mesiánico ERA IMPOSIBLE DE CUMPLIR POR UN HOMBRE.

Así es. Cerca de su muerte, David sigue siendo profeta. Con toda una vida de gozos, sufrimientos, caídas y restauraciones, el Dulce Cantor de Israel deja una críptica profecía testamentaria respecto al Que Habría de Venir:

"El Dios de Israel ha dicho, me habló la Roca de Israel:

Habrá un Justo que gobierne entre los hombres, que gobierne en el temor de Dios. Será como la luz de la mañana, como el resplandor del sol en una mañana sin nubes, como la lluvia que hace brotar la hierba de la tierra. NO ES ASI MI CASA PARA CON DIOS; sin embargo, Él ha hecho conmigo pacto perpetuo, ordenado en todas las cosas, y será guardado, aunque todavía no haga Él florecer toda mi salvación y mi deseo."

2 Samuel 23:3-5

Con clarividencia celestial, David deja ésta gran pista esperando ser descifrada por los que esperaran al Mesías. Puede entenderse así: "¿Quién puede andar en el temor de Dios tan de continuo, que haga que su justicia brille como el sol más resplandeciente, que como la lluvia traiga la vida a toda la tierra? ¿Quién puede ser así de justo? Ciertamente yo no. Ni mi descendencia después de mí. Pero Dios lo ha jurado; de mi sangre vendrá tal cumplimiento. ¿Cómo? No tengo la menor idea, pero así será. ¡Y cuánto quisiera ya estarlo viendo!"

Veinte descendientes de David ocuparon el trono de Jerusalén por 500 años, desde Salomón (970 A.C.) con el reino de Israel unificado y próspero, hasta Sedequías (586 A.C.), cuando el reino de Judá estaba ya bajo vasallaje Babilónico, y próximo a ser juzgado con destrucción. Pese a que hubo grandes reyes judíos que hicieron lo recto ante Jehová e incluso fueron monumentales ejemplos de fe y lealtad a Dios (Josafat, Uzías, Ezequías, Josías), ninguno de ellos alcanzó el ideal Mesiánico profetizado por David. Todos, en mayor o menor medida, se mostraron insuficientes de ser "como el Resplandor del Sol". David ciertamente profetizó así sobre su descendencia.

Quinientos años después del último rey judío, en Jerusalén, la ciudad de David, un humilde rabino proveniente de una obscura infame ciudad Nazareth (pero nacido en Belén, cuna del rey David), luego de clamar a oídos de todos durante la fiesta de Tabernáculos *"YO SOY LA LUZ DEL MUNDO"* (¡El Sol Resplandeciente en una Mañana sin nubes!), al ser rebatido y vilipendiado por los supuestos doctos en la Ley y las Escrituras, les protesta con Suprema Autoridad:

"¿QUIÉN DE VOSOTROS ME REDARGUYE DE PECADO?"

Juan 8:46

David, como Balaam exclamó: “lo veré MAS NO AHORA, lo miraré, MAS NO DE CERCA”, a través de sus salmos proféticos casi pudo ver el Rostro de su Salvación. A través de una vida de intenso apego a su Señor, y más en su última etapa, cuando se descubrió a si mismo como una perdida oveja extraviada necesitada del rescate del Buen Pastor (salmo 119:176), David fue bendecido con la certeza de que Dios cumpliría Su promesa para con él, aunque de momento no la viera ni la entendiera completamente. David murió y durmió con sus antepasados. Al que nombraron “la Lámpara de Israel” (2 Samuel 21:17) finalmente se apagó. Él no era ese Sol Resplandeciente. Pero ciertamente vivía y revivía y se gozaba desde su reposo cada vez que alguien le gritaba a ese humilde rabino judío: “¡JESUS, HIJO DE DAVID!” “YESHUA BEN DAVID!”

Capítulo 5

LA SEÑAL DE ISAIAS

"El Espíritu de Jehová está sobre Mí..."
Isaías 61:1

Isaías, cuyo nombre quiere decir: "Jehová es Salvación" (semejante a los nombres Josué, Eliseo y JESUS), es el profeta más citado en el Nuevo Testamento: más de 65 veces. Muchas más que cualquier otro profeta del Antiguo Testamento, y mencionado por nombre más de 20 veces. La extensión de sus escritos lo ponen como el primero de los Profetas Mayores, junto a Jeremías, Ezequiel y Daniel. Su contenido literario es sobremanera rico en vocablos, imágenes, poesía. Lo mismo su contenido profético: hay por lo menos 30 profecías Mesiánicas. La mitad de ellas han sido ya cumplidas en el primer advenimiento de Jesús en forma literal. La otra mitad en tipo, o sea, simbólicamente. Quedan al menos una decena más a ser cumplidas hasta la Segunda Venida de Cristo.

Pero vamos por partes. También sobre Isaías hay muchísimo que escribir y destacar, tratados pueden salir de una sola de las profecías de éste varón de Dios. Para lograr de igual modo extraer el máximo contenido benéfico espiritual de la lectura del libro de Isaías es muy recomendable también haber leído los libros de Reyes y Crónicas, y tener conocimiento histórico básico de la atmósfera política de los reinos alrededor de Israel y Mesopotamia, a fin de ubicarse en el contexto en el que Isaías transmite su mensaje.

Hasta el día que Isaías recibe de Dios su comisión profética (Isaías capítulo 6) habían transcurrido al menos 250 años desde la muerte de David. Diez reyes habían ocupado el trono de Judá. El reino unificado de Israel había desde hace más de 200 años terminado con la división en Reino de Israel al norte (integrado por 10 tribus) y Reino de Judá al sur (compuesto por Judá y Benjamín). El reino del norte fue desde su principio apóstata e idólatra descaradamente, teniendo sacerdotes espurios, festividades religiosas inventadas y reyes depravados sin dinastía davídica, ni ninguna otra. Un día podía reinar alguien de una tribu, al siguiente, mediante actos homicidas o traiciones reinaba alguien de otra tribu.

Para cuando Isaías era confirmado profeta (en el reino de Judá) el reino de Israel estaba a menos de 100 años de desaparecer para siempre de la historia antigua, con el cautiverio de las 10 tribus y su exilio a todas las naciones por parte del imperio Asirio. El reino del Sur Judá, con capital en Jerusalén, con reyes del linaje de David prolongaría sus días por misericordia de Jehová al menos 200 años más. Uzías era el rey gobernante en tiempos de Isaías. Eran de hecho los últimos días de ese gran rey que como Salomón fue bendecido con sabiduría y riquezas, pero que probó cierta la profecía de David su ancestro, al enorgullecerse sobremanera y codiciar el oficio sacerdotal, entrando incluso hasta el lugar Santo a ofrecer incienso (2 Crónicas 26:16). Jehová hiere de lepra al orgulloso rey quien es forzado a vivir apartado del reino y del Templo, acortando sus días tristemente. Es en éste contexto histórico que Dios comisiona a uno de los más grandes profetas del Antiguo Testamento; el reino del norte próximo a ser aniquilado por sus continuas rebeliones e idolatrías, y el reino del sur, mostrando una peligrosa tibieza espiritual. Sus reyes no eran obedientes todo el tiempo. Ninguno de ellos había destruido los lugares altos y altares paganos que Salomón en su lamentable apostasía al final de su vida construyó para sus mujeres idólatras. La obediencia del pueblo de Judá tampoco era ejemplar. Sincretismo religioso por todos lados producto de las influencias extranjeras de los reinos alrededor. Israel al norte era prácticamente "caso perdido". Judá estaba todavía dentro de lo rescatable. Por eso envía a Su profeta, más en triste atisbo de lo que sería el resultado de Su profecía a través de Isaías, Jehová expresa:

"Oíd bien, y no entendáis; ved por cierto, mas no comprendáis. Engruesa el corazón de éste pueblo, y agrava sus oídos, y ciega sus ojos, para que no vea con sus ojos, ni oiga con sus oídos, ni su corazón entienda, ni se convierta, y haya para él sanidad."

Isaías 6:9-10

¿Qué significaba esto? ¿Acaso Jehová no quería la salvación de Su pueblo? ¿Por qué parecía pues que los estaba enjuiciando de antemano?

Explicar de modo pleno los designios del Todopoderoso no son materia para el propósito de éste libro, ni de ningún otro, por más letrado e inteligente que sea el autor. Solo puedo referir algo de las palabras de un gran maestro de la Escritura que ayude a "digerir" al menos parcial y veladamente éstas grandes realidades teológico-espirituales:

"El mensaje de Isaías sería el instrumento utilizado por Dios para ocultar la verdad de un pueblo que NO QUERÍA RECIBIRLA. Siglos más tarde, las parábolas de Jesús HARIAN LO MISMO." (Pastor John McArthur).

Es como si Dios le dijera al perplejo Isaías: "Sí Isaías, Yo quiero salvar a todo Mi pueblo. Pero he visto la dureza de sus corazones, y en Mí sabiduría conozco que el mensaje que tú les proclamarás de Mi parte ni lo desean ni les interesa oírlo. Por eso sabe de antemano tú que Yo les hago pesado el ver y el oír, no porque Yo quiero que se pierdan, sino porque en el libre ejercicio de su libertad el rechazar Mi Palabra con pleno uso de entendimiento LES ACARREARIA PEOR CONDENACION."

Aunque no era muy alentador el panorama profético para el debutante Isaías, el haber visto al Todopoderoso en Su trono rodeado de Su Gloria, de ver su propia miseria e impureza como dignas de muerte ante la Perfecta Santidad de Dios, ésta Teofanía maravillosa sin dudas alentó al joven profeta a llevar a cabo su misión.

Aproximadamente 30 años después, Isaías hace manifiesto de Dios una profecía que nos remonta al Génesis, a la Señal de Inicio que anunciaba Al Que Habría de Venir:

"Por tanto, el Señor mismo os dará Señal: He aquí que la Virgen concebirá y dará a luz un hijo, y llamará Su nombre Emanuel."

Isaías 7:14

El contexto histórico en que ésta profecía fue dada es de una naturaleza dual. Tiene dos fases de cumplimiento. La primera fue en días del rey Acaz, rey de Judá, hijo de Jotam, hijo de Uzías. En esos años se había formado una alianza entre Peka rey de Israel y Rezín rey de Siria, para defenderse de los ataques de Asiria, el reino dominante en toda la región desde Mesopotamia hasta Egipto. Tales reyes forzaron a Acaz a unirse a ellos para fortalecer la resistencia. Pero Acaz se rehusó, y por lo tanto Israel y Siria atacaron a Judá para derrocar a su rey y poner otro de su elección. Aquí es donde entra Jehová con Su profeta: Isaías asegura a Acaz que tal revuelta no tendría éxito, que confiara en Dios. Lo que es más, Isaías desafía al rey de Juda a pedir señal a Jehová para ratificar Su Palabra. Pero Acaz, en una fingida piedad espiritual rechaza la invitación de Dios a probarlo, causando que Isaías lo reprendiera, y remarcando que Dios mismo sería el que escogería la Señal. Esta sería que una "doncella" (en hebreo la palabra "virgen" también hacía referencia a una mujer en estado nubil, o sea madura sexualmente y lista para procrear) se embarazaría y daría a luz un hijo. "¿Pero no se supone que eso hacen todas las "doncellas", Isaías?", pensaría el hipócrita rey Acaz (un pagano vendido por cierto), "¿Dónde está lo extraordinario de esa señal?"

"OK Acaz, ¿me dejas continuar profetizando?"

"Porque antes de que el niño sepa desechar lo malo y escoger lo bueno, la tierra de los dos reyes que tú temes será abandonada."

Isaías 7:16

"Ya, bueno. Creo entender que te refieres a que antes de que ese "niño prodigio" que profetizas tenga suficiente edad para tomar decisiones morales que requieren algún grado de conciencia, tanto Israel como Siria van a perecer, ¿o me equivoco Isaías? (ojalá así hubiera razonado Acaz!) Pero, ¿Y QUIEN ES ESE NIÑO MARAVILLA?"

En el capítulo 8 de Isaías, se narra como el profeta luego de hacer pública ante testigos la profecía del capítulo 7, la ratifica mediante el acto de escribirla en una Tabla de piedra grande, y ponerle el título "Maher-Salal-Hasbaz" (que significa: *Maher-Salal: "*Apresúrense a despojar"; *Hasbaz*: "Precipítense a la presa"). Estas eran expresiones de ordenanza para los Asirios que despojaran y se abalanzaran como depredadores sobre la presa, o sea, Siria e Israel. Y acto seguido, el profeta se llega sexualmente a su esposa, y recibe de Dios la orden de nombrar a su hijo precisamente como la profecía: Maher-Salal-Hasbaz (no es de extrañarse que los profetas de Dios fueran usados como verdaderos oráculos vivientes, actuando a veces gráficamente los propósitos de Dios de modo muy evidente y teatral a veces; Ezequiel, Oseas y Zacarías ejecutarían verdaderos dramas actuados para sus profecías). Dios declara que el hijo de Isaías sería esa señal, porque antes siquiera que el niño aprendiera a decir "Abba", "padre", o "Eema", "mamá", los Asirios arrasarían la confabulación y resistencia de Siria e Israel. O sea que siquiera antes de 3 años (tomando el año de la gestación del bebé) y quizás solo un par de años más a lo mucho, la amenaza que tanto temía Acaz se vería reducida a nada.

Y así sucedió. Israel y Siria fueron derrotados por el ejército Asirio en menos de 3 años a partir del anuncio de Isaías. Este fue el primer cumplimiento de la profecía. ¿Cuál fue el segundo?

Creo que todo creyente cristiano con el básico conocimiento de las principales profecías mesiánicas sabe cuándo se cumplió esto. Pero, ¿y cómo se enlaza ésta profecía con la "señal de Inicio" de Génesis 3:15? *"Y pondré enemistad entre tí y la mujer, y entre tu simiente Y LA SIMIENTE SUYA; ésta te herirá en la cabeza, y tú le herirás en el calcañar".*

Si ponemos cuidadoso detalle y atención a la profecía de Dios cuando le dice a Najash que específicamente de la simiente de la mujer vendría el que aplastaría su cabeza, podríamos considerar y razonar: "¿Y como puede ser específicamente que solo la mujer logre tener descendencia? ¿No necesita acaso la intervención del varón para tener descendencia? ¿No sería más biológicamente preciso decir "la simiente del varón?" ¡Ninguna mujer puede embarazarse por sí sola!"

De hecho, siendo muy rigoristas, podríamos hasta abogar en favor de Eva, haciendo a Adán, el hombre, como principal responsable del pecado, ya que a él fue primero encomendada la creación, siendo Eva creada posteriormente solo como una ayuda para él. Y no estaríamos muy lejos del estándar fuertemente machista y masculinamente hegemónico que tenía el mundo antiguo oriental cuando se escribieron las primeras líneas del Pentateuco. Si la Biblia fuera totalmente de inspiración humana, sin duda en Génesis 3:15 tendríamos a Adán compareciendo frente a Dios como responsable principal del pecado, y sería su simiente la que estaría en guerra contra Najash. Aún las mismas genealogías en la Escritura dan fe de la preponderancia masculina; siempre es "fulano, hijo de..." y siempre es un hombre el antecesor. ¿Qué pasó en Génesis 3:15 entonces?

El Todopoderoso declaraba desde el inicio Su Infinitamente Sabio y Perfecto Plan de Salvación. De manera velada y ensombrecida tal vez, pero sí era posible que los susodichos sabios y doctos Escribas y Maestros de la Ley y las Escrituras tuvieran el suficiente atisbo de inquietud y ruido mental en el que pudieran meditar y tratar de ensamblar el rompecabezas profético; si a través del hombre se consumó el pecado, y como dice Pablo a los Romanos "por el pecado de un hombre todos hemos pecado" (puesto que Adán traía a toda la humanidad en sus lomos), ¿Qué iba pues a ser entonces la simiente del varón sino solo una simiente de PECADORES? Todos infectados hereditariamente con el cromosoma defectuoso de rebelión. No en balde Dios mandó a los patriarcas y a todo varón de Israel la circuncisión. El exceso de piel en el órgano reproductor del varón simbolizaba el potencial hereditario de pecado y su transferencia, y tenía que ser removido en un ritual externo simbólico de arrepentimiento y deseo DE NO PROCREAR PECADORES.

Por eso, el Mesías no podía nacer producto de la semilla del hombre. Hubiera sido otro pecador más, sin ninguna potencialidad salvadora. No hubiera cumplido el Imposible Estándar Mesiánico, profetizado por David.

La profecía de Isaías encontró su segundo cumplimiento 700 años después. La "virgen" (en su sentido hebreo más estricto refiriéndose a una mujer nunca ayuntada sexualmente con varón) sería una humilde campesina judía llamada Miriam (o María), descendiente de David por vía de Natán. Merece esto mención especial, ya que mediante la línea de Salomón, de donde provenía el linaje Davídico de José, el esposo de Miriam, pesaba una infausta profecía que se aplicó a los descendientes del rey Jeconías o Conías, rey judío descendiente de Salomón que fue hecho cautivo por Nabucodonosor durante el exilio de Judá a Babilonia en 586 A.C:

"Así ha dicho Jehová: Escribid lo que sucederá a éste hombre (Jeconías) privado de descendencia, hombre a quien nada próspero sucederá en todos los días de su vida; porque ninguno de su descendencia logrará sentarse en el trono de David, ni reinar sobre Judá."

Jeremías 22:30

Aún en éste detalle, si Jesús hubiera sido engendrado por José, además de ser un pecador más en éste mundo, nunca hubiera podido jamás reclamar en ningún momento el trono de David debido a ésta excluyente profecía. Era pues absolutamente necesario que para cumplir el Estándar Mesiánico y tener derecho a reinar Jesús fuera:

1) De la casa de David, pero no del linaje de Salomón
2) Sin intervención de varón para su procreación
3) Totalmente libre de pecado

"...y llamarás Su nombre Emanuel (¡DIOS CON NOSOTROS!)

"...y llamarás Su Nombre JESUS. Este será grande, y será llamado Hijo del Altísimo; y el Señor Dios LE DARA EL TRONO DE DAVID SU PADRE..."

Lucas 1:31-32

Ante la interrogante de Miriam sobre como podría ella embarazarse sin nunca haber tenido relaciones con varón, bien pudo Gabriel decirle: "¿Acaso nunca leíste Isaías 7:14?" Pero muy probablemente ésta humilde joven judía nunca fue enseñada en éstas delicadas y enigmáticas profecías, y además el momento tan sobrenatural que estaba viviendo ante una presencia angélica seguramente apenas le permitía permanecer consciente hilvanando solo los pensamientos más elementales, por lo que Gabriel solo le aseguró que el hijo de su vientre sería Obra del Espíritu Santo y lo más importante...

"...porque NADA ES IMPOSIBLE PARA DIOS"

Lucas 1:37

Ciertamente la señal de Isaías no era una señal fácil de interpretar. Mucho menos en el momento histórico que vivía el pueblo de Dios, el reino de Judá. El rey Acaz no creyó a Dios ni a Su profeta. Por medios propios logró su "seguridad": saqueó la plata y oro del Templo de Dios y la presentó como ofrenda al rey Asirio Tiglat-Pileser, haciéndose su vasallo y rogándole que lo protegiera de la confabulación de Siria e Israel. Realmente Isaías se topaba con un pueblo muy endurecido e incrédulo, así lo reflejaba su propio rey. Las riquísimas profecías y escritos inspirados de éste profeta sí que caerían en muchos oídos sordos y ojos ciegos. Aunque Jehová mismo les gritaba a través de Isaías "¡Pregúntenme acerca de lo porvenir y se los declararé!", los judíos prefirieron confiar en el palo, la piedra y el metal: los ídolos. Tuvo algún consuelo el siervo de Dios durante el reinado de Ezequías, hijo de Acaz, puesto que se esforzó en obedecer a Dios y creer en Él aún en situaciones angustiosas y desesperadas.

Judá revivió espiritualmente de modo transitorio durante esa etapa, y es quizás cuando le fue revelado el fragmento profético más nítido, asombroso y escalofriante de lo que acontecería con El Que Habría de Venir, El Siervo de Dios. Isaías capítulo 53 es también considerado "El Quinto Evangelio". Tomaría enciclopedias escribir a detalle sobre tan increíble profecía. Era una señal sangrienta, ominosa, grotesca, CONTRADICTORIA. No se si Ezequías haya podido reparar en los detalles gráficos de humillación que estaban destinados a ser sufridos por uno de sus descendientes sin sentir horror y turbación ante lo que el profeta de Dios le estaba declarando por cierto que le ocurriría. No creo que el piadoso rey haya tenido mente ni estómago para soportar tan cruda y sombría revelación. Quizás ni el mismo Isaías podía entenderlo. Pero en un vistazo de clarividencia profética Ezequías hace válido el sufrimiento del Siervo de Dios para sí mismo. Declara en su hermoso cántico luego de haber sido sanado de su enfermedad de muerte:

"He aquí, amargura grande me sobrevino en la paz, más a Ti agradó librar mi vida del hoyo de corrupción; PORQUE ECHASTE TRAS TUS ESPALDAS TODOS MIS PECADOS."

Isaías 40:17

Judá y todo Jerusalén volvieron a la idolatría más diabólica y depravada tras la muerte de Ezequías. Con Manasés como rey, el pueblo de Dios se hundió en la época más sórdida y obscura luego de la época de los Jueces. Isaías pereció a manos del hijo de Ezequías según la tradición judaica, martirizado junto a miles que a lo largo de los más de 50 años de su reinado murieron por servir a Dios en la más sangrienta purga religiosa en la historia de Israel. El destino de la casa de David estaba sellado. Pese al arrepentimiento y vuelta a la Ley de Manasés en su última etapa de vida, Dios ya había decretado por boca de Isaías (y Jeremías) que su nación junto con su rey irían al exilio a Babilonia por 70 años en castigo por su necedad, violencia e idolatría. Necesitaban ese corazón quebrantado y humillado como el de Ezequías para darse cuenta lo mucho que necesitaban apropiarse también de los beneficios del Siervo Sufriente, el Siervo de Dios para ser sanados de sus pecados. La dinastía Davídica era quitada del trono y parecía haber terminado. Como cedro talado, mutilado de sus ramas y follaje y prendido en fuego así se veía el linaje del fiel siervo de Dios David. Najash se sentía satisfecho de haber estorbado la obra de Dios. Seguro se regodeaba ante las ruinas de la Jerusalén juzgada y destruida por los Babilonios, sobre el Templo quemado y asolado. Todo parecía como un tocón de árbol carbonizado, muerto. Pero Isaías ya había escrito de antemano:

"Saldrá una vara del tronco de Isaí, y un vástago retoñará de sus raíces. Y reposará sobre Él el Espíritu de Jehová; espíritu de Sabiduría y de Inteligencia, espíritu de Consejo y de Poder, espíritu de conocimiento y de temor de Jehová...

...Y será la Justicia cinto de sus lomos, y la Fidelidad ceñidor de su cintura."

Isaías 11:1-2,5

La señal de Isaías daba también esperanza a la casa de David. Dios NUNCA incumple Sus pactos.

Capítulo 6

LA SEÑAL DE ZACARIAS

"Así ha dicho Jehová mi Dios: Apacienta las ovejas DE LA MATANZA..."
Zacarías 11:4

Año 520 A.C. El imperio Babilónico, la Cabeza de Oro de la Estatua que soñó Nabucodonosor e interpretado por Daniel (Daniel 2:38) ha caído. Es turno para que gobiernen el Pecho y los Brazos de Plata (el reino unificado de los Medos y Persas). Para el remanente judío exiliado en Babilonia eso significa una muy buena noticia: su cautividad de 70 años ha llegado a su fin. Las profecías de Isaías 150 años antes se probaban verídicas, lo mismo que las de los profetas de la época del exilio Jeremías y Ezequiel. Dios había satisfecho Su Santa ira y ahora miraría con benevolencia a la "Hija de Sión" (Jerusalén/Judá), y los volvería a llevar a su tierra donde les aguardaba un nuevo comenzar, una nueva oportunidad de hacer mejor las cosas en obediencia a las Leyes del Todopoderoso, de volverse un pueblo sabio y entendido, curados para siempre de la idolatría, con un corazón bien dispuesto a escuchar a Dios por boca de Sus profetas. Y sobre todo: para aguardar Al Que Habría de Venir.

Sí. Recordemos la profecía de Jacob antes de su muerte:

"NO SERA QUITADO EL CETRO DE JUDA, NI EL LEGISLADOR DE SUS PIES, hasta que venga SILOH; Y A ÉL SE CONGREGARAN LOS PUEBLOS."
Génesis 49:10

Luego de 1500 años de ésta profecía, y tras 500 años de dinastía real de la casa de David, el Cetro ha salido de Judá. Ya no habrá más reyes judíos. Judá como nación reestructurada no sería más un reino, y sería vasallo de los imperios Gentiles gobernantes. Pero también con esto EL MESIAS YA PUEDE VENIR. Y su linaje estaba bien identificado.

Los judíos que regresaron pues, de Babilonia, a tierra de sus antepasados a pesar de todas las promesas de bienaventuranza de parte de Dios por medio de los profetas, se enfrentaron con muchas situaciones adversas. Primero que nada, eran un pueblo pequeño (apenas unos 50,000 judíos volvieron en su primer repatriación), sin ejército, sin medios de defensa, tributarios de los Persas y Medos. Eran blanco también de los pueblos vecinos que permanecieron alrededor de Judea: Samaritanos, Árabes, Edomitas, pueblos que miraban con recelo y antipatía el regreso de quienes sabían eran el pueblo de Dios y a quienes correspondía el derecho de habitar la tierra. Los libros de Nehemías y Esdras narran a detalle tales dificultades que éstos vecinos hostiles fraguaron contra los judíos estorbándolos de reconstruir el Templo, la Ciudad y las Murallas. Por 16 años lograron detener las construcciones, sobre todo del Templo. Así pues, los desanimados judíos se desentendieron de la tarea, y se pusieron a ver por sí mismos y por sus casas.

Es aquí en donde entra en escena el profeta Zacarías (contemporáneo de Hageo), de origen sacerdotal, levita por lo tanto. Provisto de una serie de visiones en sueños (8 en total), en la primera alienta al pueblo judío a no ser como sus padres, a obedecer los mandatos de Dios, la Ley y Sus profetas, y si lo hacen, el favor de Dios los alcanzaría (Zacarías 1:1-6).

Para alentar más a su pueblo, el profeta les declara un par de visiones más, con muchas figuras de índole apocalíptico (cuatro jinetes merodeadores y cuernos), simbolizando el juicio de Dios a las naciones que se encontraban "en paz y reposadas", refiriéndose a los pueblos vecinos que en vez de usar dicha paz y bonanza para buscar a Dios y ayudar a Su pueblo, la usaban para hostigar y estorbar Su obra. Los cuernos representaban las naciones que habían esparcido a Israel por el mundo (Egipto, Asiria, Babilonia, Medo-Persia), y el juicio también venía para ellas en imágenes de unos carpinteros destruyendo los cuernos (Zacarías 1:7-21).

La tercer visión es sumamente motivadora y esperanzadora. En ella Zacarías ve a un varón angelical con una plomada y caña para medir Jerusalén. Si bien el sentido simbólico en otras ocasiones respecto a echar la plomada y medir es significativo de juicio inminente (2 Reyes 21:13), aquí es para decretar bendición y favor de Dios a Su pueblo, tal favor que incluso aparece otro ángel que le dice al que lleva la plomada para medir y construir muros de defensa:

"Sin muros será habitada Jerusalén, a causa de la multitud de hombres y ganado en medio de ella. YO seré para ella, dice Jehová, muro de fuego en derredor, y para gloria estaré en medio de ella."

Zacarías 2:4-5

Las palabras del Todopoderoso en boca de Su profeta se probaron ciertas. Ningún pueblo pudo estorbar más la obra que Dios había ya empezado con Su nación. Los judíos volvieron a retomar la reconstrucción del Templo. Y para motivarlos aún más, Zacarías revela dos visiones más. La cuarta es referente al Sumo Sacerdote Josué. Es una visión EXTRAORDINARIA. Apunta al futuro, a la Justificación sólo por Gracia. Aquí aparece Najash. El infatigable obstinado enemigo de Dios se presenta en su faceta de Acusador. Acusaba a Josué, que estaba frente al Ángel de Jehová, de pecado. Y su pecado era manifiesto en la vileza y suciedad de sus ropas. Josué era simbólico de toda Jerusalén, aún maloliente y fétida por el pecado de rebelión e idolatría que causó su juicio, destrucción y exilio. Najash le restregaba en la cara todo eso para poner culpa y sembrar duda y desconfianza de la providencia de Dios hacia Su pueblo. ¿Cómo podía Dios perdonar a una nación tan pecadora con un sumo sacerdote igualmente pecador y vil? "¡No puedes perdonarlos! ¡Mira a su mejor representante! ¡Es un asco! ¡Tienes que darles Tu juicio!" Casi puedo escuchar gritar así a Najash. Como todo creyente lo escuchará a lo lejos, cuando las sombras de nuestro pecaminoso pasado se agolpen como nubes obscuras en nuestros recuerdos, relampagueando culpa y pesar sobre nuestra alma. "¿Cómo pudo Dios perdonarme?"

Pero la Voz del TODOPODEROSO atronará más, y disipará esas nubes sin agua de la mente y conciencia de Sus escogidos al recordar lo que Él respondió a Najash:

"Yo te reprendo, Najash; YO que he escogido a Jerusalén (pon aquí tu nombre) te reprendo. ¿NO ES ÉSTE UN TIZÓN ARREBATADO DEL INCENDIO?"

Zacarías 3:2

Absoluta y pura MISERICORDIA. El Ángel de Jehová (una forma preencarnada de Nuestro Señor Jesucristo) no se caracterizaba por ser amigable con los pecadores. Recordemos como trató a Jacob en Peniel, golpeándolo y lisiándolo. Recordemos la muerte de los primogénitos en Egipto. Su escalofriante presencia que intimidó al asna de Balaam haciéndola desviarse del camino. La matanza de los 185,000 Asirios del ejército de Senaquerib cuando blasfemó contra Él. Aún el mismo Jehová puso sobre aviso a Moisés diciéndole que Su Ángel que marchaba al frente de Israel no iba a tolerar sus pecados y rebeliones

(Éxodo 23:21). David en sus salmos imprecativos apelaba al Él pidiendo vindicación y ruina para sus enemigos (*"¡Sea su camino obscuro y tenebroso, y el Ángel de Jehová los persiga!"* Salmo 35:6). La sola idea de hacerse Su enemigo era espantosa. Era la muerte segura. Ningún pecador podía estar frente a Él y vivir.

Pero aquí el Ángel de Jehová muestra por primera vez Su Gracia. Habiendo sido (cripticamente) descrito un siglo y medio antes por Isaías como El Siervo Sufriente de Dios, hace una aplicación anticipada de Sus méritos sobre Su nación representada por el sumo sacerdote Josué. No fue gratis, lo sabemos. La humillación de ser reducido de Fuerte Juez y Verdugo a débil siervo víctima es IMPAGABLE. Jerusalén en personificación de Josué es perdonado por su pecado, y vestido de ropas nuevas y mitra limpia.

Tal cúmulo de visiones proféticas eran más que alentadoras. Eran símbolos reales de la Presencia de Dios en medio de Su nación indefensa, brindándoles protección, aliento y PERDÓN. Lo que es más, les hacía esperar con fuerte anhelo y certeza la Era Mesiánica. ¿Qué mejor momento que éste para que el Gran Goel hiciera Su aparición, fuerte, gallardo, guerrero, invencible, aplastando la oposición de los conflictivos vecinos, y quizás, hasta sacudiendo el yugo Medo-Persa y volviendo a hacer de Judá un reino independiente?

Más Dios quería enseñar a Su pueblo mediante las visiones y profecías de Zacarías a desear algo más que un rey Mesías Guerrero. En la quinta visión del profeta (Zacarías capítulo 4), un Candelero alimentado ricamente de aceite mediante una tubería conectada a dos Olivos hacía referencia a los dos grandes oficios de Israel: Rey y Sacerdote. Los Dos Ungidos. Estos eran representados en ese tiempo por Zorobabel, descendiente de la casa de David, y gobernador sobre Judea, y por Josué, Sumo Sacerdote, descendiente de Eleazar. Estos hombres constituían una figura anticipada del Mesías, en quien se combinan estos dos oficios a la perfección, y quien es la fuente verdadera de bendición que convierte a Israel en Luz para las naciones.

Lo que es más, hay un rito simbólico que definitivamente dejaba clara la naturaleza Real y SACERDOTAL del Mesías:

"Tomarás pues, plata y oro, y harás coronas y las pondrás en la cabeza del sumo sacerdote Josué, hijo de Josadac. Y le hablarás diciendo: Así ha hablado Jehová de los ejércitos, diciendo: He aquí el varón cuyo nombre es el RENUEVO, el cual brotará de sus raíces, y edificará el templo de Jehová."

Zacarías 6:11-13

¿Podía todo esto acaso ser más claro? Eran pistas de oro para conectar los puntos y tener más posibilidad de reconocer al Esperado. El rey Mesías tendría como función principal el Sacerdocio Fiel y Santo ante Dios, haciendo expiación pura, verdadera y agradable por los pecados de la Nación.

Por si fuera poco, Zacarías les da otra pista imperdible para identificarlo:

"Alégrate mucho, hija de Sión; da voces de júbilo, hija de Jerusalén; he aquí tu rey vendrá a ti, justo y salvador, HUMILDE, cabalgando sobre un asno, sobre un pollino hijo de asna."

Zacarías 9:9

El Rey-Sacerdote Mesiánico no llegaría como guerrero conquistador exhibiendo su gloria y poder, así como a sus enemigos derrotados, sobre un brioso caballo pura sangre. No. Llegaría mostrando una realeza humilde, en paz, en un joven burrito...

"...a predicar buenas nuevas a los abatidos, a vendar a los quebrantados de corazón, a publicar libertad a los cautivos, y a los presos apertura de cárcel; A PROCLAMAR EL AÑO DE LA BUENA VOLUNTAD DE JEHOVA..."

Isaías 61:1-2

Zacarías profetizó en su libro tan vastamente sobre el Mesías en sus apenas 14 capítulos casi tanto como Isaías en sus 66. El carácter de su profecía es riquísima en esperanza así como en simbolismos. Todo el tono del libro es alegre, consolador, refrescante, ¡sí había futuro para Judá y para la casa de David! Los judíos seguramente abrazaron sus profecías, si bien no creo las hayan entendido a plenitud, y aunque no hay fechas ni tiempos específicos, sí que creo que los motivaron a echar manos a la obra, terminar la edificación del Templo, y lo más importante, volverse fielmente a Dios y depositar toda confianza en Él, ...hasta que llegamos al Capítulo 11.

El tono del libro y profecía de Zacarías cambia abruptamente al terminar el décimo capítulo. Apenas acababa de escribir el profeta que Dios llamaría a Su pueblo de entre las naciones como un pastor llama a sus ovejas: con un silbido, a fin de apacentarlas y fortalecerlas (Zacarías 10:8). Pero al iniciar el onceavo capítulo el libro sufre una transformación inesperada; como una dulce y entonada sinfonía que es de repente convertida en un pesado brutal concierto de Death Metal, galopando a 100 km/hora, y vociferando juicio, violencia, destrucción...RECHAZO.

Sin perder refinamiento y articulación poética, el mensaje de Zacarías 11 es ominoso, sombrío, devastador y sumamente simbólico y críptico. Requiere de un gran maestro de la Palabra interpretar el mensaje, conectarlo con hechos registrados en la Escritura y en la historia. Dejo al Pastor John Mc Arthur la explicación de éste difícil e increíble segmento de la Escritura:

"Oh Líbano, abre tus puertas, y consuma el fuego tus cedros. Aúlla, oh ciprés, porque el cedro cayó, porque los árboles magníficos son derribados. Aullad, encinas de Basán, porque el bosque espeso es derribado."
Zacarías 11:1-2

"Como un incendio que arrasa toda la tierra de Israel, Zacarías describió el fuego del juicio que consumiría a los impíos como una conflagración que consume los árboles. La devastación no está limitada solo al juicio espiritual, sino que incluye la muerte de muchos a medida que la tierra de Israel es juzgada. Aquí se presenta el lenguaje más poético del libro, porque "Líbano", "Basán" y "Jordán" representan a la tierra entera mientras recibe juicio total de un extremo al otro, desde la frontera norte y el valle del Jordán hasta el límite sur." (*Mc Arthur*).

"Voz de aullido de pastores, porque su magnificencia es asolada; estruendo de rugidos de cachorros de leones, porque la gloria del Jordán es destruida."
Zacarías 11:3

"Los pastores hacen lamento por la pérdida de sus pastos y los cachorros de león extrañan su hogar y su comida. Estas son figuras poéticas de la miseria que tendrá lugar en la tierra como resultado de haber sido sometida al juicio devastador. A medida que avanza el capítulo se hace más evidente que se trata con mayor probabilidad de profecías sobre la destrucción de Jerusalén en el año 70 D.C." (*Mc Arthur*).

"Así ha dicho Jehová mi Dios: Apacienta las ovejas de la matanza, a las cuales matan sus compradores, y no se tienen por culpables; y el que las vende dice:

Bendito sea Jehová porque he enriquecido; ni sus pastores tienen piedad de ellas."

Zacarías 11:4-5

"El Señor dijo que Su pueblo debía ser tratado como ovejas engordadas para el sacrificio, cuyos pastores no tienen clemencia, y solo están interesados en el dinero que pueden obtener por su carne. De la misma manera, Dios presentará a Sus ovejas para la matanza, sin piedad alguna." (*Mc Arthur*).

"Por tanto, no tendré ya más piedad de los moradores de la tierra, dice Jehová; porque he aquí, Yo entregaré a los hombres cada cual en mano de su compañero, y en mano de su rey; y asolarán la tierra, y Yo no los libraré de sus manos."

Zacarías 11:6

"Al suspenderse la piedad y la protección compasiva de Dios, ellos quedarían abandonados al antojo de "su compañero": el Imperio Romano y "su rey" o César, quien en últimas los llevará a su destrucción en 70 D.C. por medio del ejército romano. Más de un millón de judíos murieron como resultado de ese ataque, y casi medio millón pereció en ataques romanos posteriores en toda Palestina." (*Mc Arthur*).

"Apacenté, pues, las ovejas de la matanza, esto es, a los pobres del rebaño. Y tomé para mí dos cayados: al uno puse por nombre Gracia, y al otro Ataduras; y apacenté las ovejas."

Zacarías 11:7

"Dios usó al profeta Zacarías como intérprete del papel dramático en el que representa el rechazo de Cristo que conducirá al juicio de Israel descrito anteriormente. El profeta sí alimentó al pueblo con la verdad de Dios, y esto sirvió como ilustración de lo que el Mesías haría por ellos al venir. Los pobres fueron los únicos que respondieron bien a la alimentación del rebaño por parte de Jesús. Ellos fueron los humildes y mansos que no siguieron el orgullo del sacerdote, los escribas y fariseos, porque decidieron creer en Jesús. El acto simbólico le requirió el uso de "dos cayados". Los pastores del antiguo oriente portaban un cayado semejante a una vara larga y puntiaguda para alejar a las fieras, y otro como un báculo para guiar y rescatar a las ovejas descarriadas." (*Mc Arthur*).

"Y destruí tres pastores en un mes; pues Mi alma se impacientó contra ellos, y también el alma de ellos me aborreció a Mí."
Zacarías 11:8

"Aunque es difícil establecer su identidad, una de las interpretaciones más antiguas es que se refiere a Tres grupos religiosos principales sobre Israel: los Sacerdotes, los Escribas y los Ancianos. Jesús concedió gracia y unidad a los sectores populares, pero confrontó la hipocresía de éstas tres clases de líderes religiosos, y como ellos le rechazaron, los tres oficios fueron eliminados en poco tiempo. Dios puso fin a las cargas tradicionales de los mediadores y en su lugar dispuso un nuevo sacerdocio de creyentes." (*Mc Arthur*).

"Y dije: No os apacentaré; la que muriere, que muera; y la que se perdiere, que se pierda; y las que quedaren, que cada una coma la carne de su compañera."
Zacarías 11:9

"En este drama, Zacarías interpretó el papel de un pastor desnaturalizado que abandona a sus ovejas y deja de enseñarlas y protegerlas. Quienes se negaron a creer en Jesús fueron entregados a la satisfacción de sus deseos y quedaron expuestos a enemigos letales. En el asedio romano de 70 D.C. algunos habitantes acosados por el hambre sí recurrieron al canibalismo." (*Mc Arthur*).

"Tomé luego Mi cayado Gracia, y lo quebré, para romper Mi pacto que concerté con todos los pueblos. Y fue deshecho en ese día, y así conocieron los pobres del rebaño que miraban a Mí, que era Palabra de Jehová."
Zacarías 11:10-11

"El cayado Gracia al parecer se refiere a la promesa de Dios acerca de impedir que las naciones destruyeran a Israel, si ellos obedecían de manera consecuente. Dios dejó de lado Su bondadosa protección y Su providencial cuidado a favor de Israel, y permitió que Roma invadiera y destruyera toda la nación. El remanente de creyentes en el tiempo de Cristo sabía que la Palabra de Dios se estaba cumpliendo. Ellos supieron que el juicio venía en camino, pero se libraron de las consecuencias a largo plazo por su fe en Él." (*Mc Arthur*).

"Y les dije: Si os parece bien, dadme Mi salario; y si no, dejadlo. Y pesaron por mi salario treinta piezas de plata. Y me dijo Jehová: Échalo al tesoro; ¡hermoso

precio con el que me han apreciado! Y tomé las treinta piezas de plata y las eché en la casa de Jehová al tesoro."
Zacarías 11:12-13

"Zacarías continúa el drama al representar a Jesús en una escena simbólica en la que pregunta a los que vino a pastorear cuán valioso era Él para ellos. En una respuesta escarnecedora, los líderes religiosos ofrecieron 30 piezas de plata, que equivalían al precio pagado por un esclavo que había sido acorneado por un buey (Ex.21:32). Fue la cifra exacta que los líderes pagaron a Judas por traicionar al Gran Pastor. Los judíos del tiempo de Jesús al ofrecer esa cantidad dijeron en efecto que Él no valía para ellos más que un esclavo moribundo. Con sarcasmo doloroso se expresa la respuesta divina al insulto máximo de la humanidad." (*Mc Arthur*).

"Quebré luego el otro cayado, Ataduras, para romper la hermandad entre Judá e Israel."
Zacarías 11:14

"El quiebre del segundo cayado significó la disolución nacional de Israel. Las disensiones y disputas internas entre los judíos se agudizaron intensamente luego del rechazo del Pastor. Israel quedó fracturado y dividido en distintos bandos y sectores opuestos y hostiles unos contra otros. Flavio Josefo escribió que fue tanto el daño que estos partidos opositores hicieron contra la nación así como el de los propios romanos." (*McArthur*)

¿Qué era todo esto? Esto no podía ser una profecía. Tenía que ser una broma. Y una sumamente macabra. La nación recién llegada del exilio apenas disfrutaba el consuelo de hermosas profecías de restauración, perdón y protección, y de repente era llevada vertiginosamente a algún lugar del futuro para vivenciar en encriptados matices el rechazo del tan anhelado deseado Mesías, y ser anunciados en vibrantes tonos poéticos que Israel…¿iba a ser totalmente ANIQUILADO? ¿Qué clase de mente podía concebir tan desastroso porvenir para el pueblo judío? Tenía que ser de algún demente pagano vicioso de alguna nación que los odiara intensamente. Pero no. Esto era Palabra de Dios en boca de un profeta judío.

No es posible estar seguros que los receptores de tan infame profecía la hayan entendido a plenitud. Tampoco podemos afirmar que Zacarías haya podido siquiera entender la mitad por lo menos. Era algo fuera de los límites de la razón. Empeñarse en entenderlo causaría graves desequilibrios a la mente, como si una simple bombilla eléctrica casera pudiera soportar la descarga de energía proveniente de 1000 centrales hidroeléctricas. Locura.

Zacarías debió rendirse ante la misma Palabra de Dios en busca de alguna ayuda a su dolorosa inquietud:

"Las cosas secretas pertenecen a Jehová nuestro Dios; más las reveladas son para nosotros y para nuestros hijos para siempre, para que cumplamos todas las palabras de esta ley."

Deuteronomio 29:29

Amén. Si. Hay cosas que fueron ocultas y ensombrecidas para Israel respecto al plan salvador de Dios. Pero una cosa sí que les quedaba más que revelada: su pasado.

El pasado de Israel era un testimonio siempre abierto que les recordaba, así como el cántico de Moisés de Deuteronomio 32 todavía resonaba, diciéndoles: *"Generación torcida y perversa. ¿Así pagáis a Jehová, pueblo LOCO E IGNORANTE?"* Israel conocía bien su propio corazón, rebelde, obstinado, proclive a la idolatría y a la desobediencia. Sus exiliados llevaban esas marcas aún. El Israel unificado, las 12 Tribus de Jacob habían sido reducidas a prácticamente una sola debido a siglos de rebelión e ingratitud contra Dios. Solo Su misericordia y fidelidad los había devuelto una vez más a la tierra de promesa. Pero la prueba no había terminado aún. Si querían tener alguna clase de oportunidad de revertir su destino, tenían que aprender de su historia pasada, reconociendo que en efecto podían ser otra vez capaces de desobedecer a Jehová, y que necesitaban desesperadamente un nuevo corazón. Un corazón sensible y anhelante de un Mesías Sacerdotal que intercediera ante Dios por ellos, que los ayudara a deshacerse de esa terquedad hereditaria que acababa siempre extraviándolos del camino verdadero, desde sus primeros padres hasta el presente.

Aproximadamente 100 años después de Zacarías, el último profeta del Antiguo Testamento, Malaquías, atestiguaba el estado espiritual de Judá, de Jerusalén, y de la casta sacerdotal: pésimo reporte. Adulterio, divorcio, fraude, robo, maltrato, indiferencia religiosa. Pero había un elemento nuevo en toda ésta ya conocida lista de pecados (si bien hay que destacar que la idolatría a deidades extranjeras ya no pertenecía más a ella): el cinismo.

Cuando el amoroso y sumamente paciente Jehová invita a Su sinvergüenza nación a recordar cuanto los ha amado (Malaquías 1:1-2), le responden: "¿En serio nos has amado? ¿cómo?" ¡¡!! Esto era el colmo. ¿Ya habían olvidado el cautiverio en Babilonia? ¿Olvidaron como Dios los volvió a juntar como nación, cosa que no ocurrió con muchos pueblos que fueron borrados de toda su identidad nacional al ser exiliados y destruidos por los Babilonios? ¿Y todavía preguntaban como Dios los había amado? O cuando Dios los confronta en cuanto a la deshonra que hacían de Sus ofrendas (Malaquías 1:7), como quien abre y cierra la puerta de su casa todos los días sin mayor reparo o asombro, no atinan a dimensionar el grave pecado que hacían ya rutinariamente llevando animales defectuosos, enfermos o hasta robados (¡!¡¡) a los sacrificios en el Templo. Totalmente perdidos en toda noción de recuerdo que el culto a Jehová era Santo, y que el pecado de los hijos de Elí en tiempos de Samuel, tratando con desprecio e irreverencia Sus ofrendas les provocó un desastre nacional a manos de los filisteos, y Dios entregó a Su pueblo y abandonó el Tabernáculo de Siloh. De verdad la condición espiritual de Judá era ya merecedora de juicio. Y que decir de los sacerdotes; repudiando sin mayores causas a sus esposas de juventud y uniéndose en matrimonios adúlteros, a veces hasta con mujeres extranjeras. ¿Este era el pueblo que reconocería a su Mesías cuando llegara? Un pueblo descarado y cínico, sin mayor asomo de culpa y sin ruborizarse siquiera un poco por sus vilezas, ¿podría reconocer las señales?. Se antojaba muy difícil.

Por cuatrocientos años hubo un silencio profético. Dios ya había hablado, y había dado todas las pistas necesarias. Usó incluso gobernantes paganos que en el siglo II A.C. ordenaron, para aumentar el acerbo cultural del entonces imperio Griego, la compilación de todo el antiguo Testamento (la Torah, Los Profetas, y Libros Sapienciales) para ser traducidos al idioma griego, creando así la Septuaginta (LXX), texto que difundiría todo el conocimiento de Dios a lo largo del mundo conocido hasta ese día. Todo judío tanto en la diáspora como ubicado en Jerusalén podía leer lo que era en ese entonces la "lingua franca" de la época: el Griego Koiné. Todo rabino, escriba o fariseo dedicado y estudioso de las Escrituras tenía acceso a este conocimiento, y recordar la historia de Israel, sus fracasos, sus restauraciones, las abundantes profecías ya cumplidas y las que estaban en etapa embrionaria. Todo escriba y docto de la Ley podía leer Isaías 53 y poner unos enormes ¿¿?? signos de interrogación sobre el texto. O que decir sobre Zacarías 11, subrayarlo hasta romper el papiro en un intento de tratar de entender. Que decir también de Daniel 9 y la Profecía de las 70 Semanas, donde claramente se develaba el tiempo exacto de la venida del Mesías, y poner más cantidad de signos de interrogación cuando se lee: "y después de las 62 semanas SE QUITARA LA VIDA AL MESIAS" ¿¿¿¿???? Tenían al menos 150 años para tratar de conectar los puntos y sobre todo, para orar, orar que fueran iluminados por el Espíritu de Jehová, a fin de estar lo más preparados posibles para conocer los tiempos. Y para enderezar los caminos torcidos.

Zacarías no dejó su libro en una nota trágica. Termina sus tres últimos capítulos remarcando el juicio venidero, si. Pero también la promesa de restauración final, aunque de manera escatológica y lejana, pero el rechazo del Verdadero Pastor no sería el fin para Israel. Lo que es más, deja otra pista más que debió ser imperdible para los judíos del primer siglo para reconocer a su Gran Goel Mesías:

"Y derramaré sobre la casa de David, y sobre los moradores de Jerusalén, espíritu de gracia y oración, Y MIRARAN A MI, A QUIEN TRASPASARON..."

Zacarías 12:10

Capítulo 7

LA SEÑAL

"...y el VERBO se hizo carne, Y HABITÓ ENTRE LOS HOMBRES..."
Juan 1:14

Las Escrituras para la cristiandad están divididas en el Antiguo Pacto o Testamento, y el Nuevo Pacto/Testamento. El Antiguo es referente a la nación de Israel y el Pacto que Dios acordó con ellos en el Sinaí con Moisés como testigo y la Ley como las condiciones a cumplir. El Nuevo se entiende como el traspaso del antiguo pacto de Israel ahora a todas las naciones gentiles, con Cristo como Testigo, y la Ley es ahora reemplazada por la Gracia, la cual se recibe mediante la Fe. Por eso el apóstol Juan dice:

"La Ley por medio de Moisés fue dada, pero la Gracia y la Verdad vinieron por medio de Jesucristo."
Juan 1:17

Esto ahora lo leemos y quizás poco nos estremezca o nos conmueva y cimbre a nosotros los occidentales viviendo 21 siglos después de escrito lo anterior. Pero, ¿cómo pensaba y que sentía o que esperaba un judío del siglo I? ¿Qué entendimiento tenía el judío común de ese tiempo respecto a palabras como Ley y/o Gracia? ¿Era el culto a Dios en ese entonces cercano siquiera a lo establecido por Moisés? ¿Cómo había cambiado el pueblo judío luego de 400 años de silencio profético desde Malaquías?

La Biblia no ofrece ningún panorama intertestamentario. De golpe somos llevados del momento en donde el imperio Persa era la fuerza mundial regente hasta la época de los albores del imperio Romano. En el pasar de una sola página cuatro siglos se deslizan silenciosamente. Y tomaría algún tiempo repasar a detalle que fue de esos años y como cambiaron la mentalidad judía. Porque sí que la cambiaron. Y mucho. Merecen pues un poco de mención los hechos destacados de esos tiempos innombrados en la Escritura, a brevedad y con lineamiento histórico.

1) **Caída de Persia y surgimiento del imperio Griego**: En 331 A.C. los ejércitos de Alejandro de Macedonia derrotan a los Persas, arrebatándoles el dominio mundial. Ha llegado la parte de bronce de la estatua que vio Nabucodonosor en sueños (Daniel 2:32)
2) **Campaña de Helenización mundial:** Alejandro se propuso llevar la cultura y el pensamiento griegos a todo rincón de su imperio. Fue, no obstante, tolerante con las religiones de los pueblos conquistados, incluyendo a los judíos.
3) **Fragmentación del imperio Griego:** Tras la muerte de Alejandro, el reino fue dividido en cuatro partes. La parte que incluía a los judíos junto con Siria y Fenicia correspondió a la dinastía Seléucida (nombre tomado de Seleuco, uno de los generales de Alejandro). Se forman grupos altamente pro helenistas (filo-helenistas) en Judea, con edificación de gimnasios y centros culturales griegos en Jerusalén. Incluso se llega a reemplazar al sumo sacerdote original de la línea de Sadoc por un judío filo-helenista no levita llamado Jasón, que compró el cargo sacerdotal al monarca seléucida Antíoco IV Epífanes.
4) **Campaña Helenística Seléucida:** Año 175 A.C. Antíoco IV Epífanes, monarca seléucida, emprende una campaña de helenización obligatoria por toda su área de influencia. Incluye también el adoptar la religión idólatra griega con adoración de Zeus como dios.
5) **Profanación del Templo de Judea y resistencia de los Macabeos:** Antíoco arremete contra el pueblo judío, forzándolos a apostatar del culto a Jehová. Comete la "abominación desoladora" de Daniel 11:31, al sacrificar cerdos en al altar del Templo y proscribir los sacrificios de la Ley. Tortura y mata cruelmente a todo judío que se resista adorar los dioses griegos. Se levanta una resistencia santa encabezada por el sumo sacerdote levita Matatías y sus tres hijos, llamados los Macabeos. La resistencia se vuelve política también, pues acaban recurriendo a la creciente Roma por ayuda militar para romper el yugo seléucida. Antíoco es derrotado y muere en 164 A.C.
6) **Establecimiento de la Dinastía Hasmonea:** Simón, el último hijo de Matatías, con la independencia transitoria ganada sobre el

decadente imperio seléucida, es ungido como "Sacerdote-Rey" en Jerusalén, en un intento malentendido y forzado de cumplir la visión profética de Zacarías 6:11-12. Se inicia con esto la dinastía de los Hasmoneos, derivada del nombre del padre de Matatías, Hasmón (Matatías Ben-Hasmón), una línea sacerdotal-real espuria (puesto que no eran del linaje de Judá para tener derechos reales) que duraría poco más de un siglo, hasta el 37 A.C. Se descuida el culto a Jehová para darle más importancia a los asuntos de estado y la política.

7) **Surgimiento del imperio Romano y vasallaje judío:** Tras un siglo de independencia luego de la victoria sobre el imperio Seléucida, el general Pompeyo somete a dominación romana el "reino" judío en el 63 A.C. y los pone bajo vasallaje. Con el establecimiento de Julio César como Emperador romano, los títulos de reyes y monarcas en las regiones conquistadas quedan a voluntad de Roma. Termina la dinastía Hasmonea en Jerusalén al nombrar como "rey" de los judíos al idumeo Herodes el Grande en el 37 A.C. Sus funciones son solamente políticas, y el sector religioso queda a cargo de varios grupos opuestos entre sí.

8) **Grupos religiosos:** A) <u>Saduceos</u>: Provenientes del linaje levita de Sadoc. Formados por familias aristocráticas y grandes terratenientes. Se decían los sucesores verdaderos de la dinastía Hasmonea. Rivalizaban fuertemente con el grupo de los Herodianos (partido político no religioso a favor de la dinastía Herodiana) por el control político de Israel. Tenían el control absoluto del Templo de Jerusalén y de todo lo relacionado con el culto a Jehová. Conformaban la mayor parte del Sanedrín. Su teología era simplista y sumamente materialista: negaban la resurrección de los muertos, la existencia del alma, los espíritus y seres angelicales. Su única fuente de autoridad era el Pentateuco (los cinco libros de Moisés). Para ellos, Dios había dejado de comunicarse con Su pueblo desde casi dos milenios atrás. B) <u>Fariseos</u> (del hebreo *Perushim:* apartado): Grupo religioso formado en respuesta contra los filo-helenistas. Integrado principalmente por judíos de casta no sacerdotal (aunque sí había levitas fariseos). Gran parte de ellos eran Escribas. Fuertemente celosos del cumplimiento de la Ley y de las Tradiciones de los

Ancianos y Rabinos, pero tendían a darle más importancia a éstas últimas. Sus interpretaciones de la Ley eran pesadamente legalistas y desprovistas de misericordia y alcance a los perdidos. Aceptaban, a diferencia de los Saduceos, la resurrección de los muertos, el alma y los seres espirituales. Tenían como autoridad todo el Tanaj (la Toráh, los Profetas y Libros Sapienciales).

C) Esenios: Secta religiosa formada desde el siglo II A.C. Vivían en comunidades rurales, evitando las ciudades, llevando un estilo de vida aislado. Se organizaban en comunas, compartían la tierra y propiedades, practicando virtudes como la abstinencia, la modestia, la autodisciplina, la discreción, y una estricta pureza corporal y espiritual. Se denominaban a si mismos como "los convertidos de Israel", "los convertidos del desierto", o "los hombres del consejo de Dios". Se creían el auténtico reducto del leal pueblo de Israel, "los pocos" que querían ser salvados por Dios al final de los tiempos. Se cree que Juan el Bautista bien pudo pertenecer o estar relacionado con esta secta. Teológicamente estaban mas cerca de los Fariseos, aunque rechazaban toda tradición rabínica.

9) **El pueblo:** Los habitantes de la Palestina del siglo I A.D. eran un conglomerado multiétnico complejo. Había judíos dispersos por todo el territorio que una vez fue el reino de Israel. Muy pocos en la región central, Samaria (territorio que una vez fue capital del reino del norte Israel, ocupado ahora por una mezcla de habitantes semíticos producto del mestizaje que Asiria hizo con las 10 tribus de Israel), donde las hostilidades con los Samaritanos alcanzaban niveles violentos en muchas ocasiones. Lo mismo para ellos en la región de Judea, ningún Samaritano se acercaba a la región. Las regiones al norte (Galilea) y al noreste (Decápolis) tenían población densamente extranjera: griegos, romanos, sirios, fenicios, árabes, persas, babilonios, etc, muy poca o nula población judía. El grueso de la población judía se concentraba en la región sur, Judea, donde su cercanía con el Templo les confería un sentido de máxima identidad nacional. La mayoría de los habitantes judíos eran jornaleros, pequeños mercaderes y campesinos. Integraban con seguridad más del 70-80% de la fuerza laboral en la Palestina del siglo I. La clase

acomodada y rica eran la minoría, grandes mercaderes y terratenientes, que se valían de alianzas con Roma para conservar e incrementar sus riquezas, abriéndoles las mejores rutas comerciales y expropiando tierras a los pobres. La pirámide, pues, estaba sumamente basificada en gente pobre y empobreciéndose más, explotados por los despiadados impuestos romanos, sin ninguna esperanza de prosperidad, mientras que en la cúspide, la clase aristocrática se engordaba más y más con las carnes de sus propios conciudadanos, protegidos por el imperio más despiadado y voraz hasta entonces conocido, que consumía recursos a todo país conquistado para alimentar a sus legiones guerreras, y a su clase acomodada en su capital: Roma.

En resumen, nuestro Señor Jesús llegó a un pueblo que aún emitía hedor helenístico, que había probado por casi un siglo la independencia luego de más 400 años de vasallaje, que había intentado por fuerza propia hacer llegar la época mesiánica, para ahora estar sometido brutalmente por los romanos, que al principio parecían apoyarlos en su causa independentista, y ahora los ahogaban con pesados tributos y les habían escogido a un rey de origen Edomita para gobernar sobre ellos, con una religión que ya no tenía más el propósito de mantener el pacto de alianza con Dios sino más bien preservar un sentido de identidad nacional, dirigida por grupos religiosos divididos, antagónicos entre sí, insoportablemente legalistas, corruptos e hipócritas en su mayoría, sin una Teología en concreto, reemplazada por un intenso y ferviente nacionalismo y acérrima xenofobia, lleno de supersticiones y leyendas sobre la venida de un mesías poderoso y terrenal, que los librara de la humillante bota extranjera y que volviera a revivir el antiguo reino de Israel como en la época de David.

Volviendo a lo que escribió Juan, que "la Ley fue dada por medio Moisés", oh si, vaya que el judío promedio sabía el significado de esa palabra "Ley". La vivía cada día. Su relación con el Dios de sus antepasados se les había vuelto una insufrible carga. El Judaísmo nacionalista que había reemplazado la verdadera Ley Mosaica tenía todo, menos "Gracia y Verdad". Carecía de misericordia y revelación. Con todo lo vivido por la nación en los últimos 400 años, la aspereza y condenación propia de Ley, añadiendo las desatinadas fanáticas interpretaciones de los Escribas y Fariseos, más las fastidiosas tradiciones de los Ancianos y

Rabinos, y la insalvable distancia elitista entre los sacerdotes y el pueblo, habían imprimido una dureza fría en el corazón judío. Una menos que mecánica relación entre ellos y Dios se había establecido. Sin pasión, sin esperanza, sin amor. "Quizá sea cierto lo que dicen los Saduceos", pensarían muchos desalentados, "quizás Dios ha dejado de hablarnos desde la muerte de Moisés. Tal vez ya hasta olvidó que somos Su pueblo." El aire que se respiraba por toda la Palestina del siglo I era de violencia, inconformidad, represión, pobreza, corrupción, ignorancia religiosa, miedo…desesperanza.

Creo que ningún profeta querría un escenario tan desalentador y caótico como el que se presentaba en tierra de Israel. Eran, literalmente como había descrito Zacarías, "ovejas para la matanza", cebadas y dispuestas tanto por sus propios líderes religiosos, y por los romanos. Y aún así:

"NO TEMAIS; porque he aquí os doy nuevas de GRAN GOZO, que será para todo el pueblo: que os ha nacido HOY, en la Ciudad de David, un Salvador, que es CRISTO EL SEÑOR."

Lucas 2:10-11

Aproximadamente entre los años 2-6 de nuestra era, la Señal aparecía finalmente revelada con todo esplendor en los cielos de lo que parecía la desamparada tierra de Israel. Esa noche en Belén, cuna del rey David, el Gran Goel Redentor nacía de una joven virgen, como habían profetizado exactamente Miqueas e Isaías respectivamente. Su nacimiento no fue loado por reyes y príncipes, ni por sabios ni escribas. Pero sí lo fue por toda la hueste angelical en los cielos, y por "los pobres del rebaño", insignificantes pastores fueron los únicos convidados al evento más esperado de todos los tiempos, y que tantos patriarcas, reyes y profetas desearon ver con todo su corazón. Su nacimiento fue de lo más incómodo e indigno. En medio de un pesebre, un comedero para bestias de granja, no muy lejos de excrementos animales, nuestro REY QUISO NACER. ¿Por qué? Se estaba ambientando. Sabía que dentro de poco iba a vivir en un sitio peor: NUESTROS CORAZONES.

Nuestro Señor, no obstante estas penurias alrededor de Su nacimiento, recibiría honra por parte de la realeza, pero no de Israel, sino de gentiles. El evangelio de Mateo en el capítulo 2 describe el viaje de unos "magos", mas bien dicho príncipes orientales, provenientes de Persia muy seguramente, versados en la astrología, y con suficientes recursos para ahondar y emprender el viaje hacia la "Señal" en los cielos. Quien sabe si no eran conocedores del libro de Daniel, que quedó también a disposición en las bibliotecas en Babilonia y Persia, y que con la profecía de las 70 semanas calculaba con exactitud el nacimiento del Mesías para Israel. Como haya sido, nuestro Señor fue adorado y reconocido primero por un prototipo de lo que sería la Iglesia primitiva, compuesta mayormente por gentiles. Cumplió esto también las palabras del agónico Jacob en su profecía respecto a "Siloh" (Génesis 49:10 ...y a Él se congregarán los pueblos").

Najash, desde luego, no vio con buenos ojos que todos sus esfuerzos para frustrar ese momento habían sido inútiles. En su frenética ira y obstinación por impedir que el infante Cristo creciera y llegara a su adultez redentora, usó al infame Herodes el Grande, el Idumeo-edomita que Roma había puesto por rey para acabar la dinastía Hasmonea, y humillar a los aferrados judíos. Conociendo de los propios príncipes de oriente (¡y de Escribas judíos también!) los detalles del nacimiento del Rey de los Judíos, y habiendo sido burlado por éstos para no revelar el sitio exacto donde se encontraba, emprende una matanza infanticida por Belén y sus alrededores contra todo varón menor de dos años. Se desconoce el número de infantes asesinados. Najash no logró su objetivo; José el padre terrenal de Jesús fue avisado a tiempo de tan diabólica empresa y logró huir a tierra de Egipto con el niño y su madre. Herodes pagaría toda esa sangre derramada de un modo despiadadamente justo: su muerte fue atroz, producto de infecciones consecuencia de la diabetes, llevándolo a desarrollar una gangrena que literalmente le pudrió el abdomen, los genitales y los muslos (gangrena de Fournier). Como el infame rey Joram, hijo de Josafat, murió en medio de dolores y fue sepultado "sin que nadie lo deseara" (2 Crónicas 21:20).

Igual que con el periodo intertestamentario, no hay detalles en la Escritura respecto a la infancia y juventud de Nuestro Señor. Sus primeros 30 años discurren en el completo anonimato. Se sabe que se estableció con sus padres en un lugar de Galilea llamado Nazaret. Un lugar de pobre reputación según las palabras de Natanael (Juan 1:46). Su oficio es incierto, aunque seguramente se dedicó a la artesanía de madera y albañilería. Haya sido carpintero o albañil, o ambas cosas, ¡que obras tan perfectas habrá diseñado nuestro Gran Sumo Sacerdote Celestial! No lo veo construyendo grandes edificios u obras para la posteridad que pudiéramos ver hasta hoy. No era su propósito hacerse renombre por obras transitorias. Pero cualquier silla, mesa, pared, cerca, letrina, o cualquier cosa que hayan salido de Sus manos tenía el sello de la Excelencia. Y con esos humildes excelsos trabajos ganaba Su diario sustento y el de Su familia: Su madre y sus hermanos.

Aunque la Escritura tampoco lo menciona, Jesús vivió soltero y célibe toda su vida. No era Su propósito venir al mundo para hacerse de una familia terrenal. Los hijos que traería a Su Padre Dios serían hijos espirituales:

"Más a todos los que le recibieron, a los que creen en Su nombre, les dio potestad de ser hechos HIJOS DE DIOS. Los cuales no son engendrados de sangre, ni de voluntad de carne, ni de voluntad de varón, sino de Dios."

Juan 1:12-13

Jesús no transgrediría los límites de Su habitación celestial para unirse, aún en honroso matrimonio, a ninguna hija de hombre. Haberlo hecho lo hubiera puesto en la misma situación sacrílega que los *Bene Ha Elohim*, los "hijos de Dios", los ángeles rebeldes, cometieron en Génesis 6, al llegarse a las hijas de los hombres, lo que apresuró el juicio divino sobre la humidad. Nuestro Señor iría luego de Su muerte a las prisiones donde estaban esos ángeles rebeldes para atestiguar contra ellos su desobediencia mediante Su perfecta obediencia (1 Pedro 3:19-20), y que su esfuerzo perverso de tratar de impedir Su venida al mundo había fracasado.

Jesús comenzaría Su ministerio público hasta tener la mayoría de edad que el Judaísmo había establecido para que un rabino pudiera predicar, 30 años. Treinta años tenía José en Egipto cuando fue elevado a gobernador. Treinta también tenía David cuando comenzó a reinar sobre Judá. Treinta era también la edad en que los sacerdotes levitas comenzaban a ministrar en el Templo. Sí, nuestro Señor respetaba mucho Su tipografía. Pero antes sería proclamado por "Elías", cumpliendo la profecía de Malaquías 4:5-6; Juan el Bautista, primo de Jesús, sería el cumplimiento de ese tipo. Y vaya que lo cumplió. Aunque no hizo ningún milagro ni señal como el original Elías, su predicación cimbró el corazón de los judíos, despertándolos de su letárgica apatía, llenándolos de ansiosa expectación por la llegada del que sería la esperanza para Israel. Aún los propios líderes religiosos fueron atraídos por éste enérgico ermitaño sin credenciales de erudito, pero que hablaba con toda la autoridad de un verdadero profeta. Tanta expectación levantó, y conociendo su linaje levítico, y lo sobrenatural de su nacimiento, preguntaron si acaso era "El Profeta".

No eran neófitos ni legos principiantes los que interrogaban a Juan. Eran Sacerdotes y Levitas bien instruidos y letrados. Sí sabían que los tiempos eran los propicios para el cumplimiento de las Escrituras. Pero el preguntar de modo directo revelaba más bien incredulidad. Y si bien es cierto que alguna precaución era saludable ya que algunos falsos profetas y falsos mesías habían aparecido en tiempos anteriores (Teudas y Judas, judíos nacionalistas revolucionarios mencionados por Gamaliel en Hechos 5:36-37), lo diferente de Juan (y también de Jesús) era que no se arrogaba ninguna clase de título ni distinción especial. Juan se humilla así mismo reconociéndose no como "El Profeta", sino solo como "una voz que clama en el desierto", citando a Isaías 40:3. De haber hecho su tarea diligentemente de escudriñar las Escrituras con un corazón humilde y libre de toda predisposición y falsos estereotipos, en vez de preguntarle si él era el Profeta, les hubieran preguntado: "¿A quien debemos seguir?"

Juan termina su ministerio señalando a quien debían de seguir. ¿Lo siguieron esos Escribas y Fariseos expertos en la Ley? El apóstol Juan nos dice que los primeros seguidores de Jesús fueron ex discípulos de Juan, Andrés hermano de Simón Pedro, y probablemente Juan hermano de Jacobo, pescadores de oficio, hombres sin estudios, lo más pobre del estrato social judío. Al menos en ésta fase inicial del ministerio público de Jesús, luego de su introducción y presentación por el mayor de todos los Profetas, ningún erudito sabio creyó en el mensaje. De nuevo, "los pobres del rebaño" fueron los que atendieron a la voz del Pastor. Incluso cuando todavía no hacía señales ni milagros.

Pero antes de esto, Najash pidió la oportunidad de tomar a prueba al Gran Goel Redentor, al Nuevo Adán que caminaba en el desierto, llevando todavía sobre Sí el peso del destierro, lejos todavía del Paraíso. Najash sabía que Cristo no tenía lazos afectivo-emocionales con ninguna mujer, contrario a nuestro padre Adán. Sabía que desde joven conocía quien era Su padre, y que su familia terrenal estaba en un muy segundo plano. No usaría dobles agentes en esa ocasión, además que Jesús estaba en ese momento totalmente solo y aislado. Aun así, recurrió casi exactamente a la misma forma de tentación que lanzó a nuestros primeros padres en Edén: hacerlos dudar de quienes eran y del propósito de Dios para ellos. Cuando Nuestro Señor sintió los efectos del prolongado ayuno en su humanidad, lanzó el emponzoñado anzuelo: "SI ERES el Hijo de Dios, ¿por qué padeces hambre como el resto de los mortales? ¿No tienes poder acaso para saciarte de modos milagrosos? SI ERES el Hijo de Dios, y las huestes angelicales están a Tu servicio, y conocen Tu propósito en éste mundo, ¿por qué no los haces partícipes de Tu ministerio y dejas que te rescaten antes de que caigas desde lo alto? ¿No lo verían todos y ganarías su atención con tal milagro? SI me adoras, el mundo que tanto amas y por el que estás dispuesto a sacrificarte será tuyo, no tendrás que ser humillado ni tendrás que morir."

"....Adán, si Dios te ama, ¿por qué no quiere que tú también seas como Él?"

"....(tu/mi nombre), si Dios te ama, ¿por qué sufres mientras otros gozan?"

"....si Dios es Todopoderoso, ¿por qué permite la maldad?"

"...si..."

"...si..."

"Si", una palabra tan corta para evocar una condicional tan diabólica.

Najash empleó sus mejores sofismas disfrazados de falsa piedad para intentar ponerle tropiezo a Nuestro Señor. Sus modos de tentarlo, aunque fueron camuflados sagazmente de espiritualidad, iban dirigidos hacia Su naturaleza humana, la cual Él no disminuyó ni un átomo en toda Su vida. Jesús sintió todo en Su corporalidad y Su alma, hasta los murmullos insidiosos de Najash. El apóstol Juan describe perfectamente en su epístola las tres tentaciones de Jesús mientras encomia a sus oyentes a no amar al mundo:

"No ameís al mundo, ni las cosas que están en el mundo. Si alguno ama al mundo, el amor del Padre no está en él. Porque todo lo que hay en el mundo, los deseos de la carne ***(la tentación de los panes)****, los deseos de los ojos* ***(la tentación de poseer todos los reinos)****, y la vanagloria de la vida* ***(la tentación de atraerse la atención de todos desafiando a Dios)****, no proviene del Padre, sino del mundo."*

1 Juan 2:15-16

Jesús se defendió en todo momento agresivamente blandiendo la Espada de la Palabra. Toda Su defensa la citó textualmente de la Ley, del Deuteronomio. Aún si hubiera Él usado otras palabras no mencionadas en las Escrituras, hubieran de todos modos sido Su Palabra. Pero Nuestro Señor quiso usar lo escrito como ejemplo patente de la fidedignidad e inerrancia de la Escritura, y como ejemplo de que, si a Él le fue suficiente para poner a raya a Satanás, a nosotros también.

"Mucha paz tienen los que aman Tu Ley, Y NO HAY PARA ELLOS TROPIEZO"
Salmo 119:165

¿Qué es lo que hacía tan especial la forma de predicar de nuestro Señor?

El evangelio de Juan narra la experiencia que tuvieron los alguaciles enviados por los sacerdotes y fariseos para arrestar a Jesús (Juan 7:45). Quedaron tan impresionados y pasmados que expresaron "¡Jamás hombre alguno ha hablado como éste hombre!". Mateo y Lucas registran en sus evangelios que la gente también estaba impresionada con la forma de enseñar de Jesús porque "les enseñaba como quien tiene autoridad, y no como los escribas". Definitivamente el que era el Verbo encarnado tenía absoluto dominio de Su Palabra. Pero se destacaron tres formas en las cuales mostraba Su maestría respecto a las Escrituras:

A) La citaba: Ya desde joven preadolescente deslumbró a los Escribas y Eruditos de la Ley en el Templo. Mostraba una facilidad innata de poder recordar y presentar las Escrituras como si leyera directo del mismo rollo. Cuando ejercía ya ministerio público, al encarar las críticas y ataques de los fariseos y escribas contra Su doctrina, la forma principal en que la defendía era citando la Palabra, casi siempre con la frase inicial: *"¿Nunca han leído?"*, seguido inmediatamente de la cita en cuestión. Esta manera en particular irritaba a los Fariseos, ya que exponía nítida (y públicamente) su extravío de la correcta interpretación de la Ley, y a veces, la ignorancia de ella.

B) La implicaba: Como buen maestro, Nuestro Señor tenía otra manera de "introducir" la Palabra en las conciencias de los oyentes, esto es, mediante su implicación o participación tácita o sobreentendida. Ejemplo de esto es, cuando en Nazaret todos se escandalizaban de Él por Su sabiduría y Su apropiamiento del pasaje de Isaías 61 (Lucas 4:21), al percibirlo, lejos de quererlos convencer o apaciguar, Jesús los confronta con su incredulidad y dureza de corazón diciéndoles: "Muchas viudas había en Israel en tiempo del profeta Elías, pero a ninguna de ellas fue enviado sino a la viuda de Sarepta. Y muchos leprosos había también en Israel en tiempos de Eliseo, pero solo Naamán, el Sirio, fue sanado." Sin citar textualmente la Palabra, Jesús encendió los ánimos equivocada y pecaminosamente patrióticos de Sus compatriotas de Nazaret al implicar mediante las Escrituras que Su ministerio tendría más aprobación, reconocimiento y fruto entre los paganos gentiles que ellos tanto aborrecían. Funcionó. En gratitud por Sus enseñanzas quisieron darle una cálida ovación mientras intentaban despeñarlo hacia un acantilado.

C) La actuaba: Ya se mencionó anteriormente que Dios muchas veces usaba a Sus profetas como oráculos vivientes para comunicar Su mensaje. Oseas interpretó el doloroso papel del esposo fiel casado con mujer adúltera, representando el amor de Dios por Su pueblo idólatra e infiel. Ezequiel representó el macho cabrío del Día de la Expiación (Yom Kippur) al acostarse amarrado y llevar sobre su lado izquierdo la maldad de Israel, y sobre su lado derecho la maldad de Judá (Ezequiel 4:4-8). Zacarías interpretó el cataclismico drama del rechazo del Verdadero Pastor. Nuestro Señor no iba a ser la excepción en comunicar Su mensaje mediante vívidas imágenes actuadas intencionalmente por Él mismo. Una imagen de esto la encontramos en el evangelio de Juan, capítulo 8, la mujer sorprendida en adulterio. Y permitiéndonos disecar un poco esta historia, ¿cuáles eran las posibilidades de que precisamente en el momento en que los líderes religiosos estaban más frenéticamente decididos a destruir a Jesús y Su reputación, se les presentara ésta incomparable situación de ventaja? ¿Descubrir precisamente algo que pusiera en entredicho a Nuestro Señor de modo tan rotundo e inescapable? Jugando con la especulación, y pienso que no estaríamos nada lejos de la realidad, es posible que los mismos líderes judíos religiosos hubieran recurrido a la vileza de contratar a alguien que sedujera a una mujer casada, con tal de llevar a cabo su diabólica agenda de desprestigio. Jesús debió sentir tal peso en Su alma al contemplar los tristes matices de nuestra humana miseria. La mujer, por una parte, aunque hubiera sido usada como carnada, cedió en sus apetencias carnales; y los líderes judíos, por otra, tan depravados y viciosos en su odio, sin importarles absolutamente nada la ruina espiritual que estaban causando al pueblo que se suponía debían pastorear. Para ellos, Nuestro Señor no tuvo más palabras, sino solo un acto: el escribir sus nombres en el polvo:

"¡Oh Jehová, esperanza de Israel! Todos los que te dejan serán avergonzados; y los que se apartan de Mí SERAN ESCRITOS EN EL POLVO, porque dejaron a Jehová, Manantial de Aguas Vivas."
Jeremías 17:13

¿Por qué el ministerio público de nuestro Señor Jesús fue tan impopular y atacado por los líderes religiosos?

Se podría resumir en tres aspectos principales:

1) **Malinterpretación de la Ley: el día de Reposo:** Se mencionó anteriormente que la forma de culto a Dios por parte de la nación judía había sufrido cambios en el transcurso de los cuatro siglos pasados. Durante el exilio en Babilonia, surgieron las sinagogas como lugares de enseñanza, donde se empezaron a gestar escuelas de pensamiento respecto a la Ley y sus implicaciones. Con el surgimiento de la secta de los Fariseos, y ante las amenazas de los filo-helenistas y la corrupción espiritual de los Saduceos, quedó a cargo de ellos el "deber" de proteger la correcta interpretación de la Ley. Un punto que se sobre enfatizó en grado máximo fue lo referente al Día de Reposo. Tomaría mucho espacio describir todas las regulaciones que se establecieron alrededor de tal mandamiento, pero bastaría tomar como ejemplo a la secta de los Esenios, donde según sus interpretaciones incluso el evacuar los intestinos ese día estaba prohibido. Los fariseos en cualquiera de sus escuelas de pensamiento, liberal o conservadora, eran escrupulosos en modos igualmente fanáticos de mantener el cumplimiento del día de reposo. Cabe recordar que el guardar este mandamiento ya no era tanto por agradar a Dios. Era mas bien un distintivo nacional, una forma orgullosa de verse y parecer "santos" ante las naciones gentiles alrededor. Ni mencionar que el sentido de orgullo personal de quien dijera cumplir con todas estas exigencias se inflaba hasta alturas atmosféricas. Nadie podía ver si se había cometido homicidio, adulterio, o si alguien estaba codiciando los bienes del prójimo, o si se había honrado a los padres. Pero todos podían ver quien sí cumplía

con el Sabbath. Los fariseos se volvieron expertos en hacerse notar como los ejemplos de su cumplimiento. Aunque significare dejar hambrientos a sus animales de trabajo, o dejar en un pozo a un hombre que hubiere caído en él, o no caminar mas de una milla para socorrer a alguien en dificultad, ningún "buen judío" obediente de la Ley transgrediría jamás el santo reposo. Jesús pareciera que obró la mayoría de Sus milagros y sanidades intencionalmente en el día de reposo para confrontar directamente con ellos lo errado de su interpretación, para forzarlos a rectificar mediante la Ley y las Escrituras el verdadero espíritu detrás de ese mandamiento: *"Si retrajeres del sábado tu pie, de hacer tu voluntad en Mi día santo, y al sábado llamares Delicias, Santo, Glorioso de Jehová; y lo venerares, NO HACIENDO TUS CAMINOS, NI BUSCANDO TU VOLUNTAD, NI HABLANDO TUS PALABRAS..."* (Isaías 58:13)

¡¿Qué podía ser más Deleitoso, Santo y Glorioso, que ver a un hombre justo, puro, Divino, al mismo Hijo de Dios encarnado cumpliendo a la perfección el verdadero reposo de Jehová, obrando misericordia en los hombres fatigados por sus cargas de enfermedades, dolencias y miseria espiritual?! Al decirles "El Hijo del Hombre es mayor que el día de reposo", casi podía oírse gritarles: "¡YO soy su Reposo! ¡¿Por qué no vienen a mí?!" Pero ellos se obstinaron en sus caminos. Reconocer que lo que Jesús decía era cierto echaría por tierra todo el sistema religioso equivocado que ellos habían ideado y defendido por tanto tiempo, y la gente YA NO LOS ESCUCHARIA A ELLOS. No. Eso no podía pasar. Nunca en sus días.
La restante parte del versículo 14 del mismo capítulo de Isaías referente al día de reposo: *"entonces te deleitarás en Jehová; y Yo te haré subir sobre las alturas de la tierra, y te daré a comer la heredad de Jacob tu padre..."* la recibirían en su totalidad, pero con NO antes de cada promesa...
...Porque la boca de Jehová lo ha hablado"

2) **Tradiciones de los Ancianos:** Conjunto a toda la parafernalia ritual concerniente al día de reposo, surgieron, desde la época incluso de los reyes (Isaías 29:13), acentuándose más en el período post-exílico, una serie de regulaciones y observancias no contenidas en la Ley en su parte cívica y moral. Este cuerpo de leyes extra bíblicas ya había sido registrada por escrito en la Mishná, a fines del siglo II A.C. Un ejemplo de esto lo encontramos en Lucas 7:3-4: *"Porque los fariseos y todos los judíos, aferrándose a la tradición de los ancianos, si muchas veces no se lavan las manos, no comen. Y volviendo de la plaza, si no se lavan, no comen. Y otras muchas cosas hay que tomaron para guardar, como los lavamientos de los vasos de beber, y de los jarros, y de los utensilios de metal, y de los lechos".*

También había regulaciones y postulados respecto a las festividades judías, a la indumentaria, a la alimentación, y a muchas otras cosas alrededor de la Ley, pero jamás fueron parte de ella. Para los sacerdotes y levitas, la sección Ceremonial de la Ley sí tenía un buen repertorio de reglas y rituales a seguir, sobre todo respecto a la purificación. Pero el resto del pueblo estaba excluído de ellas. Fue tanto el "fervor" religioso de los fariseos, y a modo de honrar a los rabinos y ancianos que habían divagado a modos fanáticamente ridículos acerca de la Ley, registraron y compendiaron todas estas irrelevancias, y las enseñaron a modo de ley a todo el pueblo, pasando incluso por alto la misma Ley, como lo enseña Jesús mismo, cuando reprende a los fariseos por deshonrar el mandamiento de honrar a los padres al astutamente declarar como "Corban" (ofrenda a Dios) sus bienes económicos a fin de no ayudar a sus padres. Estas eran graves alteraciones y sabotaje de la verdadera Ley. Nuestro Señor tuvo terrible jaqueca soportando la estupidez y cerrazón espiritual de los fariseos al verlos adherirse a sus tradiciones obsoletas y huecas, como una garrapata se entierra en la piel de su víctima para evitar ser arrancada. Ningún provecho ni beneficio espiritual había en seguir siquiera una de estas nimiedades. Junto con la pesada loza del Sabbat, éstas insufribles cargas servían solo para agobiar a los prosélitos, alejándolos de la verdadera Ley. No en balde Jesús les dijo: *"¡Ay de vosotros, escribas y fariseos hipócritas! Porque recorréis mar y tierra para hacer un prosélito, y cuando lo conseguís, le hacéis dos veces más hijo del infierno que vosotros"* (Mateo 23:15). Tuvieron la oportunidad de reconocer lo extraviado de sus enseñanzas, pero igual que con el Sabbat, admitirlo significaría quedar expuestos como falsos y torpes guías; jamás lo iban a reconocer, mucho menos públicamente. Para terminar de ejemplificar tal como Nuestro Señor profetizó como esto iba a descender a niveles depravadamente impíos, todo ese cuerpo de leyes en la Mishna se integrarían un siglo después en lo que se conoce como el Talmud, una enciclopedia de más de 10 volúmenes de febril diarrea cerebral fariseaica, divagando si Adán tuvo o no ombligo (¡!), hasta establecer que: "si un judío es vencido por impulso malo, debe ir a un pueblo donde no lo conozcan, Y COMETER SU PECADO ALLI, para que no se profane el nombre de Elohim". Moed Katan 17 °, p 107.

3) **Rechazo de Dios encarnado:** A lo largo de toda la historia de Israel, el reconocimiento de un solo Dios fue el estándar distintivo que los diferenciaba de las demás naciones que generalmente adoraban a más de un solo dios. Además, el hacer una imagen de la Divinidad fue totalmente prohibido en el Segundo Mandamiento de la Ley (Éxodo 20:4), y ratificado por las palabras de Moisés: *"...pues ninguna figura visteis el día que Jehová habló con vosotros de en medio del fuego"* (Deuteronomio 4:15). Todos los juicios que acontecieron a Israel en su pasado tuvieron que ver con la desobediencia a este mandamiento y el abandono del único Dios verdadero. Las deportaciones de Asiria y Babilonia exponen la severidad del castigo de Dios hacia Su pueblo rebelde e idólatra. Los judíos fueron los únicos que por misericordia Divina recibieron la oportunidad de regresar a la tierra de promesa para un nuevo comenzar. Esdras y Nehemías relatan como juramentaron a los vueltos de la cautividad para nunca más volver a dejar a Dios y obedecer, ahora sí, todos Sus mandamientos. Conflictos de recaída los hubo, al volver a los casamientos mixtos, y por ende, el riesgo de volver a la idolatría. Esos fuegos intermitentes fueron apagados a tiempo, antes que el incendio se extendiera irremediablemente. De cierto, una de las cosas que cambiaron en la mentalidad judía fue que se volvieron más reacios en aceptar y dar cabida a cultos ajenos. Podría decirse que la cautividad los "inmunizó" contra la idolatría. Durante el imperio Persa no fueron probados mucho en éste respecto, ya que los persas mantenían una política de tolerancia religiosa

bastante amplia. Pero la llegada del imperio Griego sí marcó un parteaguas en la espiritualidad judía. Muchos fueron seducidos por el arte y cultura griega. También por su mitología. Los conceptos de dioses y semi-dioses eran nuevos para la teología judaica. Miles apostataron del culto a Jehová por seguir todo lo helenista. Se mencionó ya la guerra de los Macabeos, el esfuerzo de los líderes espirituales de Judá por acabar con esta plaga. Tuvieron éxito. De ahí en adelante, todo lo griego era intensamente repudiado. De hecho, el mismo libro de Macabeos, las dos partes que lo componen, fue considerado para integrarse al canon de libros inspirados de los judíos. Pero al final se dejó fuera. Y una de las razones es que fue escrito en griego. Incluso la palabra "griego" fue acuñada para referirse no solo a los griegos por nacimiento, sino a todo gentil de pueblo extranjero. La llegada del imperio Romano, y su sincretismo con todo lo griego, marcaron el inicio de la era "Greco-romana". Nuevamente los conceptos de dioses disfrazados de humanos, encarnándose incluso en bestias, teniendo relaciones sexuales con humanos, procreando "semi-dioses", fueron traídos de vuelta a la mente judía con su debido aborrecimiento. El concepto de "Dios encarnado" era detestable en extremo. No cabía siquiera su insinuación dentro de ningún marco teológico, conservador o liberal.

Debido a tales antecedentes históricos, que aún impactan la mente de los prosélitos del judaísmo moderno, el defender la Divinidad de Dios se volvió un fuerte fundamento para sustentar su fe y alejarla de toda doctrina pagana. Y aunque el esfuerzo es doctrinalmente correcto (ya que Dios no puede asemejarse a ninguna imagen de lo creado, ni usaría Su poder para cometer actos viles y lascivos sobre Su creación), falla en su óptica trascendental acerca del propósito mediante y por el cual Dios creó al hombre. La primera implicación se narra ya en el Génesis, cuando Dios dice: *"Hagamos al hombre a NUESTRA IMAGEN Y SEMEJANZA"*. Profundizando en esto: sí Dios no puede asemejarse a ninguna cosa creada, ¿de qué imagen y semejanza hablaba nuestro Señor cuando decidió crearnos? Yo puedo imaginar esto así: la Shekiná, la Gloria Resplandeciente del Eterno, cuyo Poder, Luz y Trascendencia son incomprensibles e inalcanzables, al decidir tener un reflejo palpable, caminante, PERFECTO, como quien se mira en un espejo, proyectó Su Resplandecencia en un envase compuesto de elementos de la tierra organizados en aparatos y sistemas perfectamente entretejidos y armoniosamente diseñados y cubiertos. Y no solo lo externo. El hombre es un ser viviente capaz de encarnar los atributos comunicables de Dios. En su vida interior racional, era como Dios en que podía razonar, y que poseía intelecto, voluntad y emoción. En el sentido moral, era como Dios porque en su principio era bueno y sin pecado. El hombre era/es la imagen del Dios Vivo y Eterno. Ya también desde el Génesis se narra la interacción de Dios con Su creación luego de la caída en modo antropomórfico. Cuando Abraham en Mamre recibe la inesperada visita de Tres Varones (Génesis 18), ¿por qué les dice: "Señor"? Sobre si la palabra Elohim en el hebreo significa "dioses" en plural, no es el punto en discusión aquí, sino que algo en Abraham lo incitó a ver la Divinidad de Dios en esos Tres Varones. Dios visitó a Abraham en apariencia MUY humana. Dos de estos varones también visitaron a Lot en la infame Sodoma, para rescatarlo del inminente juicio y destrucción. Dios también interactuó antropomórficamente con el temeroso Jacob cuando regresaba a Canaán para encontrarse con su hermano Esaú (Génesis 32:24). Jacob recibió esa noche una paliza Divina-Humana que lo dejó cojeando para siempre. Que decir del Varón con la espada desenvainada que Balaam pudo ver luego que su asna lo vio primero y prudentemente se alejó de Él (Números 22:21-35). Que del varón también con espada en mano que Josué vio a punto de tomar Jericó, y que se identificó como Príncipe del Ejército de Jehová (Josué 5:13-14). Que decir de la Teofanía antropomórfica que tuvo Gedeón narrada en el libro de Jueces 6:12, cuando ya Israel habitaba en Canaán, y eran tan idólatras y depravados como los mismos cananeos. Que del varón que vio la mujer de Manoa, padre de Sansón, cuyo rostro "era como Ángel de Dios, temible en gran manera" (Jueces 13:6). Que decir del testimonio del mismo Nabucodonosor, cuando Mesac, Sadrac y Abed-Nego fueron milagrosamente salvados del horno de fuego, y horrorizado vio un cuarto Varón junto a los otros jóvenes, con aspecto de "Hijo de los Dioses" (Daniel 4:25). Que del mismo Daniel, que vio el Trono de Dios en los Cielos, y *"uno como Hijo de Hombre, vino hasta el Anciano de Días, y le fue dado Dominio, Gloria y Reino"* (Daniel 7:13-14). Que del oráculo de Agur: *"¿Quién subió al cielo y descendió? ¿Quién encerró los vientos en Sus puños? ¿Quién ató las aguas en un paño? (¡Jesús calmando la tormenta!) ¿Quién afirmó todos los términos de la tierra? ¿Cuál es Su Nombre, y el Nombre de Su Hijo, si sabes?* (Proverbios 30:4). Agur, éste hombre que se declara simple y sin entendimiento reveló en menos de una estrofa el misterio del Hijo de Dios: ¡Era el Ángel de Jehová! Éxodo 23:21: *"...porque Mi Nombre está en Él".*

Dios se cansó de manifestarse a Su pueblo desde el principio en forma HUMANA. Quería desesperadamente interactuar con Su creación a través del mejor envase que Él mismo diseño para encarnar todos Sus atributos: el hombre. El celo desmedido de los fariseos por guardar el Nombre de Dios y Sus atributos, unido a la intensa helenofobia desarrollada en los dos últimos siglos antes de Cristo terminaron por hacerlos olvidar que mucho antes que cualquier deidad pagana intentara antropomorfizarse para hacer fechorías entre los hombres, Dios mismo ya lo había hecho, en distintas formas preencarnadas para recordarles a los suyos que no estaban solos. Terminaron por reducir el poder de Dios a sus propias conjeturas y limitantes. Terminaron por pasar por alto tantas señales donde se anunciaba éste milagro: Immanu-El, Emanuel, Dios Con Nosotros.

Para ya no extender más el desarrollo de la vida y obra de Quien sería imposible trazar un límite, terminamos por resumir las razones por las que, tristemente, Israel fracasaría en reconocer y ACEPTAR al que era enviado para su paz y restauración. Pueden sintetizarse también en tres causas:

1.- Rechazo de las profecías: Todas las profecías anteriormente mencionadas, y las que no fueron incluidas también, atestiguan contra Israel a lo largo de casi dos milenios de ser recopiladas, preservadas milagrosamente, traducidas y copiadas en varios idiomas. Atestiguan como las 12 piedras que fueron tomadas del seno del río Jordán cuando Jehová lo abrió para que pasaran en seco los israelitas hacia Jericó durante Josué, y colocadas como monumento al otro lado del río en Gilgal (Josué 4), a fin de servir a las generaciones venideras como MEMORIAL de los grandes hechos de Jehová en favor de Israel. Esas piedras desaparecieron con el tiempo. Pero la Palabra de Dios siempre permaneció, permanece y permanecerá eternamente. Israel rechazó las profecías voluntariamente. Desde Moisés, pasando por todos los jueces, reyes y profetas, el pueblo de Dios se empeñó en menospreciar y dar por nula toda palabra profética y de exhortación. Jesús experimentó lo que Sus grandes profetas experimentaron siglos antes. Jeremías en particular, cuando luego de confrontarlos con su pecado y revelarles la verdadera profecía, los judíos hacen una grosera terca protesta contra él: *"La palabra que nos has hablado en nombre de Jehová, NO LA OIREMOS DE TI; sino que ciertamente pondremos por obra toda palabra QUE HA SALIDO DE NUESTRA BOCA..."* (Jeremías 44:16-17). Todo el rechazo profético acumulado a lo largo de la historia de Israel encontró su máxima expresión en Jesús. Su nacimiento virginal no fue reverenciado y admirado, sino que fue vilipendiado obscenamente, haciéndolo pasar como un bastardo ilegítimo ("¡Nosotros no somos nacidos de fornicación; un padre tenemos: Dios!" Juan 8:41), producto del adulterio de su madre con un legionario romano llamado Pantera (Talmud-Sanedrín 67a). Su divinidad fue negada y tomada como blasfemia, y pronta a ser castigada hasta en tres ocasiones tirándole piedras. Su muerte fue deseada, preparada, manipulada y demandada. Su agonía fue escarnecida, vitoreada, escupida y execrada con deleite infernal. Su resurrección fue ocultada, saboteada, sobornada y negada hasta el día de hoy. Todas las profecías Mesiánicas cumplidas en Él fueron rechazadas. Jesús pronunció Su futuro juicio a este respecto: *"El que me rechaza y no recibe Mis palabras, tiene quien le juzgue: la Palabra que he hablado, ella le juzgará en el día postrero."* (Juan 12:48).

2.- Rechazo del Testimonio de los Testigos: Jesús les recordó a los judíos que ninguna acusación, juicio, o aseveración puede validarse solo con el testimonio de un solo testigo, sino con dos o hasta tres (Deuteronomio 19:15). Cuando Nuestro Señor quiso validar Su testimonio de que Él era la Luz del mundo, de inmediato sus opositores le recordaron burlonamente que dar testimonio de sí mismo no era válido (Juan 8:13). Sin embargo, en sus convenencieramente amnésicas memorias, Jesús solo estaba ratificando el testimonio que previamente habían dado los otros dos miembros de la Trinidad:

A) El Espíritu Santo, a través del testimonio de Juan Bautista, cuando vio al Espíritu descender sobre Jesús luego de Su bautismo (Juan 1:32).

B) Dios Padre, cuando inmediatamente que el Espíritu posa sobre Jesús, declara desde los cielos: "Este es Mi Hijo amado, en quien tengo complacencia" (Mateo 3:17). También en el día de la Transfiguración de Jesús Dios Padre reiteró esto mismo por testimonio de Pedro, Jacobo y Juan (Mateo 17:15), y un día antes de ser entregado para Su crucifixión, Dios Padre audiblemente a todos proclama Su glorificación a través de Jesús (Juan 12:28).

Pero además de la Trinidad, hubo otros testigos que fueron ignorados y silenciados: la mujer Samaritana, Lázaro resucitado, los apóstoles luego de la resurrección y ascensión de Cristo a los cielos, los más de 500 hermanos que habla Pablo en 1 Corintios 15:6 que lo vieron luego de muerto. Más de 500 testigos oculares de los grandes hechos, milagros, señales y resurrección de Nuestro Señor se acumularon para clamar en un último esfuerzo de tocar el endurecido incrédulo corazón de Israel.

3.- Rechazo de las Señales: Cuatro evangelios cargados de señales asombrosas por parte de Jesús no fueron suficientes para Israel. Exorcismos dramáticos de demonios y legiones de ellos que huyeron ante Su voz (¡demonios que fueron más piadosos y sabios que los judíos, puesto que siempre lo proclamaban como Hijo de Dios!). Sanidades de dolencias imposibles de curar por los más habilidosos médicos de la época. Multiplicaciones de alimento inexplicables que sustentaron a miles de personas en lugares desérticos. Apertura de los ojos a ciegos de nacimiento. Resurrecciones irrefutables de muertos incluso ya en descomposición. Jesús mostró Su absoluto dominio sobre las tres fuerzas ingobernables para los hombres: los demonios, la enfermedad, y la muerte. Jesús les rogó a los judíos que si no podían creerle a Él, creyeran al menos a las Señales y Obras que hacía de parte de Su Padre (Juan 10:38). Pero lamentablemente para Israel, el velo sobre sus rostros estaba tan pesadamente obscurecido que se empeñaron en no creer ni siquiera a tan extraordinarias señales. Lo que fue aun peor, atribuyeron el poder de Jesús a los demonios. La misma obstinación mostraron luego con los milagros y señales realizados a través de los apóstoles.

La infausta tríada de incredulidad (de las Profecías, de los Testigos, y de las Señales) había llegado a su colmo. Ya no había más que ofrecerles para que creyeran. Israel había firmado su destitución (temporal) como el Pueblo de Dios escribiendo su horrible testamento a las futuras generaciones de judíos con la sangre del martirio de Su Mesías, el Verdadero Pastor, que por tres años y medio apacentó amorosa y sufridamente las ovejas de la matanza, y que las defendió de los Tres pastores inútiles que por siglos las habían llevado al extravío para satisfacer su codicia y hambre de poder, hasta que, agotada Su paciencia, exclamo: "No los apacentaré más". La Gloria de Dios se retiraba de Israel una vez más, como se retiró del Templo de Salomón poco antes de su destrucción por los Babilonios en 586 A.C. según lo tristemente descrito por Ezequiel en el capítulo 10, cuando los líderes religiosos adoraban al demonio a puerta cerrada dentro del mismo templo. Jesús, fiel a Su forma de actuar las Escrituras, representó este abandono de Su Gloria poco antes de Su muerte, saliendo del Templo y ocultándose de todos ellos (Juan 12:36). Y así como la Shekiná, la Gloria de Dios abandonó el Templo en la visión de Ezequiel paulatinamente hasta abandonar la ciudad y posarse sobre el monte que está al oriente de la ciudad (Ezequiel 11:23), así Nuestro Señor se encaminó gradualmente hasta ese mismo monte (el Monte de los Olivos) donde se rendiría totalmente a la Voluntad de Su Padre para ser la víctima Santa de la Expiación por toda la humanidad. Najash lo esperaba ahí para intentar hacerlo retroceder. Con sangre corriendo sobre Su rostro y empapando Su cuerpo, el Ángel de Jehová encarnado, soporta la tentación de dejarnos en la esclavitud del pecado, con Najash como Faraón sobre nosotros gozándose en nuestra destrucción. El pie de la Simiente de la

Mujer le cayó encima a Najash finalmente. Y aunque su moribunda cabeza aplastada y humillada le causó horrendo dolor al "morderle el calcañar" mediante la tortura de los azotes, golpes, espinas y clavos en todo Su cuerpo, nuestro Gran Goel no apartó ni un centímetro de Su carne para Sí. Ni una gota de Su sangre se reservó tampoco para Sí. Todo Él fue Holocausto Perfecto. Najash no pudo evitarlo. Todos sus esfuerzos luego de más de 5000 años de tratar de impedirlo fueron inútiles, porque estaba escrito también:

"...y quitaré el pecado de la tierra EN UN DIA"

Zacarías 3:9

EPILOGO

LAS SEÑALES

En los aproximadamente 5000 años de historia conocida se puede rebatir cual ha sido el invento que más importancia haya tenido desde las penumbras de la edad antigua hasta nuestros días. Sin lugar a dudas la escritura, el lenguaje escrito, figura como el aporte más notable y fundamental para el desarrollo de toda civilización, pasada y presente. Sin ella, todo registro, conocimiento y descubrimiento en la línea histórica jamás hubiera llegado hasta nosotros y sería como si nunca sucedió, perdida para siempre en la nebulosa del olvido. Así de importante es éste magnífico don que Dios concedió al hombre para almacenar memorias, recordar información, llevar registros fidedignos, comunicarnos, dejar legados y herencias. Y para SEÑALES.

Las señales han sido de vital importancia desde que el lenguaje escrito comenzó a existir y propagarse en todo idioma conocido. Mediante el sistema de señales ciudades pueden ser nombradas e identificadas, caminos son debidamente marcados, rutas peligrosas son advertidas; mediante el señalamiento en etiquetas sabemos si algo es comestible o pone en peligro la vida. Todo lo que se hace en el diario vivir está rodeado y cifrado en medio de señales. Incluso los modernos GPS requieren de un preciso sistema de señalización para su correcta interpretación y eficacia. Atender pues, las señales, es un imperativo no negociable: ignorar o desobedecer muchas de ellas puede significar una grave catástrofe, incluso la muerte.

Nuestro Señor Dios en Su amor y compasión por nuestra naturaleza tan proclive al extravío, quiso dejarnos un mapa espiritual sumamente señalizado y preciso revelado en las Escrituras, a fin de evitarnos andar errantes y perdidos en el desierto que es vivir alejados de Él, y ser presa fácil de la incertidumbre, la desesperación y el engaño. Como el cayado que el pastor golpea en el suelo para orientar a sus nerviosas ovejas, así la Palabra de Dios golpea en la mente-corazón del hombre para sacarlo de su ensimismamiento, y ponerlo atento al camino largo y con frecuencia accidentado y sinuoso que es el camino de Fe.

Para el creyente de cualquier nivel de madurez, el conocer esas señales en la Escritura será una verdadera "lámpara a los pies y lumbrera al camino" (salmo 119:105) en medio de las tinieblas de una presente civilización que, aunque presume de grandes avances científicos y tecnológicos, se encuentra profundamente extraviada, cual viajero en tierra extraña sin señalización alguna. Las huecas filosofías y sutilezas procedentes del obscuro padre de mentira, desde los albores de la historia hasta el presente, han trastocado e invertido las señales dadas por Dios que generaciones pasadas solían identificar, obedecer, o por lo menos, respetar. La modernidad, empezando con el Humanismo Postrenacentista del siglo XVI, junto con el ateísmo del siglo XIX, fueron las corrientes de aire que, primero como una brisa "refrescante", y después como un tifón huracanado, arrasaron e hicieron volar por aire las banderas que señalizaban las "Sendas Antiguas", dejando a la humanidad con un mapa ahora en blanco, donde uno mismo pone o quita las señales al antojo o conveniencia.

Israel, el primer pueblo de Dios, el pueblo del Pacto, tuvo sus brisas cefiras "refrescantes" y sus tifones huracanados también. A través de las distintas formas de alianzas con naciones extranjeras, la idolatría fue propagándose lenta y constantemente en la Teocracia de Israel y sutilmente erosionó su confianza en las promesas de Jehová, volviendo a los israelitas en un pueblo incrédulo y de dura cerviz. La falta de fe en Dios los hizo negligentes en terminar de conquistar toda la tierra de Canaan; incluso durante la vida de Josué muchas tribus aún no tenían heredad, y algunos hasta se rehusaban a combatir con los cananeos de las montañas por tener éstos carros herrados (Josué 17:16), no obstante haber atestiguado las grandes obras de Jehová. Otros prefirieron hacer alianzas con ellos y hacerlos tributarios en vez de exterminarlos. Las semillas de la tan trágica incredulidad de Israel estaban siendo plantadas. Un poco de contemporización, de no apegarse al plan original de Dios, traería en menos de 300 años después el juicio divino advertido tanto por Moisés como por Josué.

Los tifones huracanados manifiestos en la descarada idolatría fueron soplados durante la época de los Reyes. El reino del Norte Israel, primero, y el reino del sur Judá después, llegaron a ser literalmente borrados del mapa divino de Promesas de Dios. Pero solo por un tiempo. Jehová, Justo Juez, se encargó de disciplinar a Su pueblo duramente. Más Su amor y Su fidelidad, luego del castigo, prevalecieron sobre Judá, para cumplir con el mapa de Promesas dado a los hijos de Abraham, Su amigo.

El restaurado Israel que regresó 70 años después a la tierra de Promesa, ahora mucho mas vigilante y atento de las señales, con el paso del tiempo cometió el error, que muchos cometemos en nuestro caminar con Dios: querer cumplir en fuerza propia, en sabiduría propia, en tiempo propio, las promesas divinas. Es una forma sumamente sutil de ser autoengañados, más aún, cuando el corazón piensa que está obedeciendo a Dios, pero aún desea, ocultamente, gloria terrenal. Israel, en su celo por obedecer a Dios, pero también con un corazón deseoso de vindicación contra sus enemigos, y con interpretaciones proféticas de glorificación futura incompletas y narcisistas, se volvió duramente legalista e inmisericorde. Olvidó que Dios ya había decretado que mientras no les cambiara su engañoso corazón de piedra en un corazón de carne, nunca serían capaces de obedecer Sus leyes debidamente, ni mucho menos podrían entenderlas en su verdadero significado (Ezequiel 11:19-20). Faltaba que ese milagro sucediera con "la Señal de Isaías": la encarnación del Hijo de Dios, que cumpliría "la Señal de Inicio" de Génesis 3:15. Estas dos profecías eran la revelación del plan de Dios para...¿la glorificación de Israel? No. PARA LA SALVACION DE LA HUMANIDAD DE LA MALDICION DEL PECADO. Del poder esclavizante que Najash tenía sobre los hombres. La llegada de un mesías hombre no iba a cambiar nada. Tuvieron al mejor rey, a un hombre conforme al corazón de Dios: David. Pero aun en sus mejores glorias, el hijo de Isaí no conquistó lo que era más importante conquistar antes que cualquier pueblo rebelde (filisteo, amorreo o jebuseo, no importa): no logró conquistar el corazón de Israel para Dios. Eso no lo podía hacer un hombre, y David con toda su triste experiencia, y en su lecho de muerte lo dejó muy claro en su señal, "la Señal de David"; El mesías que debían esperar era alguien Más que solo Humano.

La "Señal de Zacarías", antes de su bizarro trágico desenlace en el capítulo 11, señala también como identificar con gozo y regocijo a ese Más que Humano descendiente de David: mansamente montado sobre un hijo de asna. "La Señal" se estaba cumpliendo finalmente. Pero el gozo y el regocijo de Israel fue breve, transitorio y sin entendimiento pleno. Todavía no se operaba el cambio de corazón. La Señal Suprema, el Gran Goel Redentor de la humanidad, el Verbo Encarnado, Cristo, tampoco tuvo un gozo duradero en esa entrada profética a Jerusalén:

"Y cuando llegó cerca de la ciudad, al verla, lloró sobre ella, diciendo: ¡Oh, si también tú conocieses, a lo menos en este día, lo que es para tu paz! Mas ahora ESTA ENCUBIERTO DE TUS OJOS."

Lucas 19:41-42

Una vez que Nuestro Señor llevó a cabo el milagro que finalmente nos mudaría nuestro duro engañoso corazón de piedra en uno suave y dócil de carne mediante Su muerte y Resurrección, el apóstol Pablo, elocuente testigo de tal increíble transformación, revela lo que estaba encubierto de los ojos espirituales de Israel:

"Porque Él es nuestra paz, que de ambos pueblos hizo uno, derribando la pared intermedia de separación, aboliendo en Su carne las enemistades, la ley de los mandamientos expresados en ordenanzas, para crear en Sí mismo de los dos UN solo y NUEVO hombre, haciendo la paz, y mediante la Cruz reconciliar con Dios a ambos en UN solo Cuerpo, matando en ella las enemistades."

Efesios 2:14-16

Y más adelante también declara:

"...leyendo lo cual podéis entender cual sea mi conocimiento en el MISTERIO DE CRISTO, misterio que en otras generaciones NO SE DIO A CONOCER a los hijos de los hombres, como ahora es revelado a Sus santos apóstoles y profetas por el Espíritu."

Efesios 3:4-5

El misterio que envolvía las Señales era finalmente revelado en su totalidad. El nuevo Pacto había comenzado. Con la encarnación del Hijo de Dios, del Ángel de Jehová, nuestra carne, éstos frágiles envases de elementos terrestres fueron dignificados. El nuevo Adán, Cristo, nos confería una herencia genética espiritual que pusiera el germen en nuestros corazones el anhelo de regresar a nuestro hogar, la casa Paterna, de donde Cristo descendió para luego de Su sacrificio volver a ascender glorificado y heredar todas las cosas del Padre. Esta es la fuerza que opera en los redimidos, los escogidos, que nos hace clamar: "Abba!" ¡Padre!, en unión espiritual con nuestro Hermano Mayor, el Gran Pariente Redentor, Jesucristo, hecho uno con nosotros en todo, incluso en la muerte, menos en el pecado. El corazón de carne prometido ha reemplazado el duro engañoso e inconverso corazón de piedra en los creyentes (a veces requiriendo una cruenta y dolorosa, pero necesaria remoción y quebranto), y las leyes de Dios ya no parecen más una carga, sino un descanso y un anhelo de querer obedecerlas, aunque todavía descubramos que *"lo que hago, no lo entiendo; pues no hago lo que quiero, sino lo que aborrezco, eso hago"* (Romanos 7:15)

Nuestra glorificación plena con Cristo aún aguarda. Como Él tuvo que despojarse de este envase terrenal para ascender al Alto y Sublime, así nosotros los creyentes redimidos debemos atravesar ese último umbral, la muerte, para finalmente ser revestidos de toda Su gloria, nunca más a divagar lejos de Él de modo alguno.

Si Israel en conjunto fracasó en reconocer las Señales que fueron profetizadas de antemano, y que eran para su paz, para bien de nosotros, los demás pueblos de la tierra ajenos al Primer Pacto, para bien nuestro fue su tropiezo y endurecimiento. El Buen Pastor ha adquirido, con el fracaso temporal de Israel, un nuevo rebaño de ovejas, compuesto de gentiles y judíos, pueblos de toda la tierra, la IGLESIA, el Cuerpo Místico de Cristo, para ser lo que Israel estuvo llamado a ser: Luz para las naciones.

Quizás ya ahora la Iglesia no deba conectar puntos para tratar de entender Señales, puesto que ya todo está revelado y completo en las Escrituras, bendito don de Dios usando los avances lingüísticos de las épocas, desde Guttenberg y su imprenta de tipos, hasta los tiempos modernos donde todo creyente puede tener la Palabra de Dios a todo tiempo en su mano mediante los increíbles sistemas de almacenamiento de información en los sistemas operativos de los teléfonos celulares y la red de comunicación satelital. El mapa espiritual está bien detallado. Ningún creyente debe esperar ninguna nueva Señal o Revelación que lo haga entender o avanzar hacia el Camino que es Cristo. Pero, así como es provechoso el reconocer y recordar las Señales que Israel dejó pasar por alto (o se negó a reconocer), así también nosotros tenemos Señales en las cuales reparar si acaso están presentes en nuestra vida espiritual. Estas pueden ser algunas:

- ¿Aborreces el pecado que antes amabas?
- ¿Amas la santidad que antes aborrecías?
- ¿Te reconoces incapaz de cambiar por cuenta propia?
- Si tuviste un pasado de pecado, ¿lo recuerdas con dolor, o lo entretienes en tu mente en sutil añoranza?
- ¿Amas tu nueva vida en Cristo como es, o te parece insípida, como si requiriera un poco de "sazón" mundano?
- ¿Te gusta orar? ¿Quieres comunicarte más frecuentemente con tu Señor, hacerlo tu mejor amigo y permitirle que te cambie?
- ¿Aprovechas más tu tiempo libre en meditar la Palabra, escuchar predicaciones que te ayuden a entenderla mejor?
- ¿Asistes con regularidad (y con gusto) a la congregación donde Cristo te sembró, y conoces, por lo menos a 2-3 personas con las cuales puedas compartirte a ti mismo, orar unos por otros, y estar al pendiente de ellos?
- ¿Aprovechas la menor oportunidad para compartir el evangelio de Cristo con los inconversos, o prefieres quedártelo para ti, o no entrar en controversias?
- ¿Mantienes un devocional con tu familia? ¿Compartes tus experiencias en Cristo con los tuyos, y buscas que ellos también crezcan en santidad?
- Tus amigos del pasado antes de convertirte, ¿o ya no te buscan como antes o tuviste que terminar cualquier relación con ellos porque sencillamente ya no había nada en que seguir sustentando esa "amistad"?
- ¿Has sido discriminado de algún modo, o burlado o perseguido por tu fe?
- ¿Prefieres estar solo en tu trabajo/escuela antes que unirte a la flotilla de incrédulos para no sentirte excluido?
- Cuando el Nombre de Dios es usado vanamente, en modo burlón o satírico, ¿sientes celo e indignación como si se tratara de la persona que más amas?
- ¿Te agravia ver cuantas imperfecciones tienes aún en tu caminar de fe, y cuando pecas, te sientes inmediatamente miserable?
- ¿Pides perdón cuando ofendes o te irritas con alguien, incluso a tus hijos?
- ¿Oras por los que te han insultado, calumniado, maldecido, y aunque no te pidan disculpas tu corazón no se amarga, y quisieras verlos arrepentidos y convertidos para Cristo?

- Aunque afrontes dificultades y parece que nada te sale como querías, ¿agradeces a Dios de corazón por lo que tienes, sabiendo que pudieras estar mucho peor, y que Él no está obligado a seguir tu agenda personal?
- La idea de morir, ¿te perturba y/o te pone ansioso? O aunque no sea tema del que quisieras hablar, ¿lo abordas con paz y sabes tu destino final cuando el momento llegue?
- ¿El primer rostro que quieres ver cuando partas de este mundo es el de Dios, antes que el de tus seres queridos?
- ¿Te emociona la idea de pasar la eternidad junto a Cristo, e incluso ya has visualizado que te gustaría hacer con Él cuando por fin estés en Su presencia?

Estas pueden ser solo unas cuantas Señales que sería de mucho provecho buscar, ya no en un críptico enigmático mapa profético, sino en TI MISMO. En tu corazón, para descubrir si verdaderamente Dios ha empezado la Buena Obra en ti. No tienen que ser todas, pero si algunas por lo menos. Y más si acaso llevas algunos años en la fe. Conforme nuestro madurar en Cristo avanza, y no tiene nada que ver con los años que lleves de ser cristiano (aunque debería), estas señales DEBEN hacerse más y más patentes, como el deportista que afirma sus músculos con el ejercicio vigoroso, y no pasa desapercibido por su complexión atlética, gallarda y sólida. Así el creyente no debería pasar desapercibido en su caminar con Cristo. Simplemente no puede:

"...una ciudad asentada sobre un monte NO SE PUEDE ESCONDER"
Mateo 5:14

Tal como Dios quiso que Israel fuera Su especial tesoro, Su "pueblo peculiar", así nuestro Señor Jesucristo quiere que Su iglesia, Su futura esposa, sea de ya en este mundo una joya hermosa y brillante, que va perfeccionándose más cada día, y reflejando la Gloria y Hermosura de Su Esposo Santo, hasta el día que llegamos todos en unidad con Él, y toda escoria, imperfecciones y deterioros que ahora la empañan, y a veces afean, sean quitados ante la Santidad de Su Presencia. Entonces, todos recibiremos nuestras recompensas y galardones que nos distinguirán en el Reino Milenial y en la Eternidad. Aunque nuestra salvación está segura, muchos no recibirán galardón ni recompensa completa. Y será algo lamentable. ¿Pueden imaginarse a la Mona Lisa de Da Vinci sin su tenue sonrisa que tanto la distingue? ¿El David de Miguel Ángel sin piernas? ¿El Quijote de la Mancha dejado sin final? ¿La Capilla Sixtina a medias? ¿Las Cuatro Estaciones de Vivaldi sin una estación? Oh, ¡que tragedia! Que lo que estaba destinado a ser una obra inmortal haya quedado inconclusa. ¡Cuánto más será una desgracia y vergüenza que muchos llegarán al encuentro con Su Señor solo con sus túnicas blancas de Justicia en Cristo, pero nada más! Y El que había comenzado la Buena Obra en ellos les muestre lo que iban a ser sus galardones y coronas, pero que no quisieron extenderse un poco más y dejar que el Divino artífice les puliera un poco más, les tallara un poco más, los repintara un poco más, los reescribiera un poco más. Si. Tan solo un poco más. Un poco de burla más. Un poco de menosprecio más. Un poco de dolor más. Un poco de desaliento más. Un poco de negación más. Un poco de desvelo más. Solo eso. Un poco más. Un poco más aquí significa una corona indescriptiblemente gloriosa allá. Porque así es Nuestro Rey a quien servimos, el cual *"da esfuerzo al cansado, y multiplica las fuerzas al que no tiene ningunas"* (Isaías 40:29).

Anímese tu corazón. Sigue las señales. Las de Israel, las de la Iglesia, y las tuyas. No desmayes ni desesperes. Aguarda en Dios. Espera en Él.
Y:

"Aunque la visión tardará aún por un tiempo, mas se apresura hacia el fin, y NO MENTIRA; aunque tardare, ESPERALO, PORQUE SIN DUDA VENDRA, NO TARDARA."
Habacuc 2:3

Printed by Books on Demand GmbH, Norderstedt / Germany